Walter Krieger – Balthasar Sieberer (Hg.)

Christlich leben
in der Welt von heute

Walter Krieger – Balthasar Sieberer (Hg.)

Christlich leben
in der Welt von heute

WAGNER VERLAG
Edition Kirchen·Zeit·Geschichte

Bibliografische Informationen der Deutschen Bibliothek

Die Deutsche Bibliothek verzeichnet diese Publikation in der Deutschen Nationalbibliografie; detaillierte bibliografische Daten sind im Internet über http://dnb.ddb.de abrufbar.

Dr. Helmut Wagner, Harrachstraße 7, A-4020 Linz
office@wagner.at – www.wagnerverlag.at

Herausgeber: Österreichisches Pastoralinstitut – ÖPI
Stephansplatz 6/1/2/6, A-1010 Wien
oepi@pastoral.at – www.pastoral.at

Layout, Textsatz: Maria Hadrigan, ÖPI

Druckvorstufe: Mag. Bernhard Kagerer, BK Layout+Textsatz
bernhard.kagerer@inode.at, Ritzing 3, A-4845 Rutzenmoos

Herstellung: druck.at
Druck- und HandelsgesmbH
Aredstraße 7, A-2544 Leobersdorf

ISBN: 978-3-903040-08-3

Inhalt

Manfred Scheuer

Egon Kapellari

Vorwort

Es gibt so viele Wege zu Gott, wie es Menschen gibt (Benedikt XVI.).

Es gibt wohl auch so viele Wege, christlich zu leben, wie es Christen gibt.

Dennoch sind Christen erkennbar; christliches Leben hat ein Profil und eine zentrale Orientierung: Jesus Christus. Die Nähe zu ihm, die Gemeinschaft und Beziehung mit ihm wirkt sich auf alle Dimensionen der Lebensgestaltung aus.

Das war das Thema der Österreichischen Pastoraltagung 2015, das auf vielfache Weise durch Referate, Diskussionen, Workshops und Gottesdienste erlebbar wurde. Die Beiträge der Referent/innen sind in diesem Buch zusammengefasst und wurden teilweise erweitert. Damit gibt dieses Buch Anregungenen weiter, sowohl für ein persönliches Nachdenken, als auch für eine pastorale Praxis.

Eine wesentliche Erfahrung können sie allerdings nur andeuten: die Freude und die Faszination, die von Menschen ausgeht, die es gerne und unbeirrbar auf ihre Art verwirklichen – christlich zu leben in dieser Welt von heute.

Für das Österreichische Pastoralinstitut

Dr. Walter Krieger
Generalsekretär

Balthasar Sieberer
gf. Vorsitzender

Bischof Alois Schwarz

Liturgische Eröffnung

Bibelstelle: Gen 1,26-28a (Gott schuf den Menschen)

Ansprache

Dieses Wort aus dem Buch Genesis soll unser Passwort sein; so wie man etwa am Computer oder am Handy ein Passwort benötigt, um die Programme zu öffnen.

Das Wort aus dem Buch Genesis ist unser Passwort: Mensch, du bist deinem Gott aus dem Gesicht geschnitten, du bist Abbild Gottes, Mann und Frau, Abbild Gottes.

Als Menschen leben wir in der Welt und wir erkennen Gott im Gesicht der anderen. Unser eigenes Gesicht sehen wir nicht, aber das Abbild Gottes sehen wir: im Anderen, in der Frau, in dem Mann, in allen, die uns begegnen. Auf all ihnen liegt der Segen Gottes. Und dieses Wort spricht Gott noch immer.

Es ist von Adam die Rede, von Menschen: männlich, weiblich, als göttliches Bild, das Bild Gottes, Mann und Frau.

Später wird vom neuen Adam die Rede sein, vom neuen Menschen. Das II. Vatikanische Konzil sagt uns dazu: „Tatsächlich klärt sich nur im Geheimnis des fleischgewordenen Wortes das Geheimnis des Menschen wahrhaft auf. Denn Adam, der erste Mensch, war das Vorausbild des zukünftigen… Christus, der neue Adam, macht in seiner Liebe den Menschen den Menschen selbst voll kund." (GS 22) Christlich leben, als Christ leben, als Christin leben in der Welt von heute, heißt, als Mensch, als neuer Mensch, als einer, der den Menschen den Menschen selbst kundmacht, leben.

Das ist unser Programm: den Menschen den Menschen selbst kundmachen, im Menschsein unserer Zeit das wahre Bild des Menschen lesen zu lernen. Ich bin im Bilde, so sagen wir manchmal, wenn wir meinen, eine Einsicht zu haben. Ich bin im Auge des Anderen.

Wer bin ich? Wer ist der Mensch? Was ist der Mensch? Was ist es mit dem Menschsein? – fragt der Psalm 8: Was ist der Mensch, dass du an ihn denkst? Des Menschen Kind, dass du dich seiner annimmst? Du hast ihn nur wenig geringer gemacht als Gott, hast ihn mit Herrlichkeit und Ehre gekrönt, mit Kabod und Doxa, mit Gloria. Du hast ihn als Herrscher eingesetzt über das Werk deiner Hände, hast ihm alles zu Füßen gelegt... Dann werden die Tiere aufgezählt: die Schafe, die Ziegen, die Rinder und auch die wilden Tiere, die Vögel des Himmels und die Fische im Meer. Damit gibt der Beter ein Echo auf das Wort aus dem Buch Genesis.

Was ist der Mensch? – fragt auch Hiob: Was ist der Mensch, dass du groß ihn achtest und deinen Sinn auf ihn richtest, und dass du ihn musterst jeden Morgen und jeden Augenblick ihn prüfst? (Ijob7,17)... Und dann: Habe ich gefehlt? Was tat ich dir, du Menschenwächter? Warum stellst du mich vor dich als Zielscheibe hin? Bin ich dir denn zur Last geworden? (Ijob 7,20)

Der Schöpfer als Menschenwächter, so empfindet es Hiob: auch ein Bild Gottes. Und weiter: Warum nimmst du mein Vergehen nicht weg, lässt du meine Schuld nicht nach? Dann könnte ich in Staub mich betten. Suchtest du mich, wäre ich nicht mehr da (Ijob 7,21): Der Mensch als Bild Gottes, das vor den Augen seines Gottes und vor den Augen der Menschen verschwinden möchte.

Der Mensch – nicht das Abbild des Menschen, sondern der Mensch, Abbild seines Gottes – fragt und sucht, sucht ein Versteck – und ist wohl dennoch auf der Suche nach einem Menschen, der ihn anschaut und ihn leben lässt. Christlich leben lässt man, wenn man Menschen anschaut, wenn man ihnen Ansehen gibt, wenn man sie unter den Augen nicht fallen lässt.

Was aber ist, wenn der Mensch dies nicht sehen kann?

Beim Film „Die Sprache der Herzen. Das Leben der Marie Heurtin" sind die Kinosäle voll. Menschen kommen heraus mit Tränen in den Augen: Die Geschichte von Marie wird erzählt, einem Mädchen, das blind und taub zur Welt kam. Wie eine Wilde lebt sie. Sie lässt sich nicht kleiden, hat keine Schuhe, die Eltern kommen nicht zurecht. Man bringt sie dann in ein Kloster zu Schwestern, in der Nähe von Portiers. Die Schwestern nehmen sie auf, besonders Schwester Marguerite kümmert sich um sie. Sie versucht, ihre Seele zu berühren, die Seele eines Menschen, der nicht sehen und nicht hören kann. Schwester Marguerite beginnt, dieses Mädchen zu lieben, und dieses lernt plötzlich die Zeichensprache und sich mit Gesten auszudrücken; es lernt zu riechen, zu schmecken, zu schauen. Schwester Marguerite ist selber lungenkrank und stirbt. Aber das Mädchen hat durch sie die Sprache gelernt, Liebe in Gesten zu zeigen. Heute bin ich einer Seele begegnet, sagt Schwester Marguerite, einer Seele, die im Gefängnis ist.

Viele Menschen unserer Tage sehen mit ihren Augen und hören mit ihren Ohren, aber ihre Seele sieht nichts, ist blind, ist vielleicht taub. Wir brauchen, um als Christen in der Welt wahrgenommen zu werden, vor allem die Sprache des Herzens.

Menschsein in unserer Zeit heißt: das Abbild Gottes wahrnehmen im Menschen. Dann finden wir jene Sprache, die uns hilft zu formulieren, was es heißt, christlich leben in der Welt von heute, als Mensch dem Menschen begegnen. Manchmal hilft nur die Berührung der Herzen, damit die Augen sehen lernen.

Und dann wird plötzlich verstanden: Es gibt dich, weil Augen dich ansehen. (Hilde Domin)

Das ist das Codewort, das Passwort für die Tagung „Christlich leben in der Welt von heute" – und für all unsere Blicke auf unsere Gesellschaft.

Gott sprach: Lasst uns den Menschen machen! Im Selbstgespräch Gottes sind wir entstanden. Im Bilde Gottes sein, in jenem Bild sein, das Gott aus dem Gesicht geschnitten ist, dürfen wir miteinander unter seinen Augen diese Tage leben.

Maria Widl

Christliche Pluralität in der Differenz der Deutungsmuster

Herausforderungen und Perspektiven

Die Lebenslagen und daher auch die Glaubensweisen von Menschen sind heute hochgradig plural geworden. Die kirchliche Rezeption der SINUS-Milieus, der Fragebogen zur Familiensynode oder die Entwicklung vielfältiger neuer geistlicher Bewegungen und Gemeinschaftsformen spiegeln das exemplarisch. Wer heute katholisch ist, ist es nicht mehr einfach nur dem *Grade* nach, d.h. die einen beteiligen sich am kirchlichen Leben mehr als die anderen oder identifizieren sich umfassender mit der kirchlichen Lehre zu dogmatischen oder disziplinären Fragen. Wer heute katholisch ist, kann das in ganz unterschiedlichem *Stil* sein – und der authentische Stil der einen scheint den anderen oft mehr als suspekt oder bei weitem nicht mehr reell gläubig.

1. Glauben in der Moderne

Die historisch-kulturellen Gründe für diese Entwicklung liegen in der Logik der Moderne begründet. Diese fördert und fordert Kompetenz und Individualität, und erzeugt so Biografie und Pluralität. Soziologen sehen deren Durchbruch im heutigen Sinn in der „Achsenzeit" der 50er-Jahre des 20. Jahrhunderts. Es ist der Intuition eines als Übergangspapst bestimmten Mannes – Papst Johannes XXIII. – zu danken, dass die katholische Kirche darauf unmittelbar mit einem Konzil reagiert, das sich das „Aggiornamento", die *Verheutigung* des Glaubens auf die Fahnen schreibt. Dies führt zu massiven Umbrüchen, trotz erheblicher Widerstände seitens der Kurie wie traditioneller Kräfte weltweit. Zugleich entwickelt es eine Dynamik, der sich auch diese nicht entziehen können, zumal sich eine medial bestens informierte Öffentlichkeit mit großer Begeisterung dafür interessiert.

Die Ideen der Moderne sind bereits in der Aufklärung grundgelegt. Aber es hat Jahrhunderte gedauert, bis sie eine moderne Gesellschaft prägen konnten. Die Kriegswirren hatten stabile alte Ordnungen zerstört. Der Wiederaufbau schaffte neue Reiche, neue Machtverhältnisse und Sozialstrukturen. Eine Bildungsoffensive – auch für Mädchen und Unterschichten – machte Beruf und Karriere mehr von der persönlichen Tüchtigkeit als von Herkunft und Stand abhängig. Die Hochschätzung des persönlichen Charakters machte die Liebesheirat quer durch die Milieus möglich. Die Moderne setzte sich durch.

Die Moderne zerstört die christlichen Milieus und bedroht die Kirche – so kann man oft hören. Richtiger müsste man sagen: Sie entzieht bestimmten Formen der Kirchlichkeit den Boden. Die Kirche muss sich auf neue Spielregeln des gesellschaftlichen Lebens und auf neue persönliche Möglichkeiten des Glaubens einstellen und neue Gestaltungsformen entwickeln. Ein Verständnis der Spielregeln der Moderne ist dazu hilfreich, wie dies der Religionssoziologe Franz-Xaver Kaufmann mit vier Begriffen beschrieben hat: Säkularität, Pluralität, Individualität und Modernität.

Säkularität

Modernes Leben beginnt tendenziell mit der Neuzeit. Die Rückbesinnung auf den weiten Denkhorizont der Antike, die Anstrengungen zur Welteroberung und Naturerforschung, das wachsende Selbstbewusstsein eines aufstrebenden Bürgertums markieren eine neue Ausrichtung des Lebens: Leistungen vollbringen und in Eigenverantwortung das Leben besser gestalten. So tun sich neue Möglichkeiten auf: in der Lebensgestaltung, im Denken und im Weltverständnis. Je mehr die Ansprüche an die Qualität steigen, desto nötiger werden Spezialisten. Und je mehr sich die Gesellschaft auf diese Weise „ausdifferenziert", desto mehr wird Toleranz gegenüber anderen Lebensentwürfen notwendig.

Angesichts vieler verschiedener Lebensentwürfe entscheidet eine Gesellschaft nicht mehr darüber, was jemand glaubt, solange er sich an gewisse Regeln hält. Ich muss eben bei Rot an der Kreuzung halten; ob ich das aus innerer Überzeugung tue oder dabei auf die Verkehrsplanung schimpfe, spielt keine Rolle. Denn eine moderne Gesellschaft trennt zwischen Funktion und Sinn. Sie verlangt Leistungen; aber in welchem Glauben sie erbracht werden, interessiert nicht. Das ist auch überzeugten Christ/innen in vielen Belangen selbstverständlich: Wir wollen z.B., dass ein Medikament nachweislich wirkt und nicht nur, wenn wir daran glauben.

Damit bekommt das Christliche eine andere Ausrichtung. Im Mittelalter verstanden sich alle zusammen als Christenheit, die von gemeinsamen Grundsätzen getragen war. Wer als Sünder gegen sie verstieß, der wusste, dass er sich damit außerhalb der Gemeinschaft stellte. Denn der Ehepartner, der Beruf, die gesamte Lebensgestaltung waren durch die Gesellschaft genau bestimmt. Das Leben in all seinen Dimensionen, auch der Glaube, waren „zugewiesen", d.h. man hatte ihn ganz selbstverständlich, solange man sich nicht bewusst und in jeder Hinsicht dagegen entschied.

Eine moderne Welt weist den Glauben nicht mehr zu, denn sie ist „säkular"; sie trennt zwischen Funktion und Sinn. Das heißt nicht, dass Glauben in ihr keinen Platz oder keinen Wert mehr hätte; im Gegenteil werden Orientierungspunkte immer wichtiger. Aber welchen Sinn ich dem Ganzen gebe, ist meine Sache. Diese Situation war bei uns lange Zeit nicht zu spüren. Denn die „christentümlichen Verhältnisse" eines zugewiesenen Glaubens blieben in kirchlichen Milieus teilweise bis heute erhalten. Je mehr dagegen Christ/innen existenziell im modernen Leben stehen, desto mehr erfahren sie, dass ihr Glaube „persönlich angeeignet" sein will. Das Festhalten an der guten Tradition genügt nicht mehr.

Pluralität

Der Grund dafür liegt im zweiten Merkmal der Moderne, der Pluralität. Weil modernes Leben durch Funktion und Leistung geprägt ist, werden Experten immer spezialisierter und die Technik immer ausgefeilter: an allen Ecken und Enden wird gleichzeitig erneuert und verbessert. Damit entsteht eine Fülle verschiedener Möglichkeiten, ein Problem zu lösen. Es gibt z.B. nicht nur ein Waschmittel, sondern viele spezielle; je nachdem, ob ich damit Wollsachen, meine Haare oder mein Auto waschen will. Und dazu gibt es auch noch mehrere Firmen, die sehr ähnliche Produkte als das beste bewerben. Der Konsument hat die Wahl, aber auch die Qual. Er muss sich entscheiden. Und je verantwortungsbewusster die Hausfrau nicht nur nach Preis und Waschqualität, sondern vielleicht auch noch nach der Umweltverträglichkeit fragt, desto komplizierter wird es. Die Vielfalt zwingt also zur Auswahl. Und je verantwortlicher sie getroffen werden soll, desto schwieriger wird es.

Diese Vielfalt macht auch vor geistigen Dingen nicht halt. Die Vielfalt der Lebenswege und Lebensmöglichkeiten des modernen Menschen bringt eine Vielfalt an Lebenshaltungen und Wertentscheidungen mit sich. Alles erscheint relativ. Genau betrachtet sind jedoch weder die Werte relativ, noch wird die Wahrheit in Frage gestellt. Inhalt persönlicher Entscheidung sind vielmehr die Prioritäten, also die Rangfolge der Wichtigkeiten.

Individualität

Wenn unter säkularen Lebensbedingungen der Glaube nicht mehr selbstverständlich zugewiesen ist, muss er persönlich angeeignet, also mit Herz, Hirn und Hand entschieden werden. Die Pluralität der modernen Lebenshaltungen bewirkt, dass die Entscheidung zum Christsein eine täglich neue Wahl unter vielen verschiedenen Lebensmöglichkeiten ist. Das bedingt die gegenseitige gemeindliche Unterstützung und den Dialog über Glaubensfragen, um diese je zeitgemäß gestalten zu können.

Zugleich entstehen jedoch je ganz persönliche Lebens-
und Glaubensgeschichten. Der moderne Mensch hat eine
Biografie, die sich durch die Abfolge der vielen alltäglichen großen und kleinen Lebensentscheidungen und
Einzelereignisse ergibt, die ihn / sie unverwechselbar
macht. Damit schreibt der Mensch seine eigene und die
gemeinsame kulturelle Geschichte. Er tut dies in Freiheit
und angesichts einer Vielfalt von Möglichkeiten, die in
sich nie eindeutig christlich sind oder nicht. Das Leben
wird zum Weg, der ein Weg des Glaubens sein kann, jedoch immer ein ganz individueller ist.

Modernität

Wie man auf rechte Weise christlich lebt, ist unter modernen Bedingungen nie entschieden. Denn Modernität
ist die Selbstverständlichkeit des fortgesetzten Wandels,
der dauernden Veränderung. Weil wir so fleißig und tüch-
tig sind, schaffen wir dauernd neue und bessere Möglichkeiten. Und weil der Mensch nicht vollkommen ist, so
sehr er sich müht, schaffen wir laufend unerwünschte
Nebenwirkungen dazu, die uns nicht gut bekommen; von
mancher Böswilligkeit und Faulheit ganz zu schweigen.

Der moderne Mensch muss also in alleiniger persönlicher
Verantwortung durch Prüfung, Entscheidung und Verzicht sein Leben gestalten; und das täglich unter sich
verändernden Bedingungen. Das gilt auch für den Glauben: immer auf der Suche sein. Der moderne Mensch
ist nicht deshalb auf der Suche, weil er seinen Glauben
verloren hat (den ihm die Gesellschaft so sicher zugewiesen hätte). Vielmehr: Der moderne Mensch ist auf der

Suche nach seinem Glauben, weil er weiß, dass er ihn nie haben, nie als sicheren Besitz ansehen kann. Das ganze Leben ist Wandel, Entwicklung, Beziehung, Entscheidung. (Und nur das Tote ist bewegungslos.)

Glaube unter modernen Bedingungen ist die Suche nach jener Gottesbegegnung, die die Wertigkeiten des Lebens bestimmen hilft. Die Kirche ist jene unverzichtbare Gemeinschaft, die sie begleitet – ermutigend, mahnend, stärkend, kritisch – weil einer allein in der Vielfalt der Möglichkeiten zu ertrinken oder sich zu verlaufen droht. Das Leben kann einem aber keiner abnehmen. Jeder ist ganz persönlich dafür verantwortlich. Auch wer diese Verantwortung nicht wahrhaben will, kann sich ihr nicht entziehen.

Das ist eine moderne Herausforderung: sein Leben so zu gestalten, wie es einem selbst gemäß ist. Dabei seinem Gewissen zu folgen, wie es einem die Kirche recht zu bilden hilft. Und darin mutig in der Gewissheit voran zu gehen, dass Gottes Gnade all unser Tun umfängt. Christlicher Glaube ist also unter modernen Bedingungen bewusster, entschiedener, persönlicher und wandelbarer als zur Zeit des selbstverständlichen Christentums. Er wird es nur durch immer tiefere Verwurzelung im Geheimnis jenes dreieinigen Gottes, der unser Leben ist. Das hat Karl Rahner gemeint, wenn er sagt: „Mystischer werden sie sein, die Christen des 21. Jahrhunderts, oder sie werden nicht sein."

Gefahren und Chancen

Erstens sagten wir über Säkularität, sie sei die Trennung von Funktion und Sinn. Die Gefahr, kirchlich wie gesellschaftlich, ist die reine Verzweckung von Vorgängen, der Legalismus, der Bürokratismus, der Verlust des Heiligen an die Funktion. Die Chance ist eine tiefe Mystik, die „Gott in allen Dingen finden" lässt (Ignatius von Loyola) und die dennoch den ganz nüchternen und praktischen Umgang ohne irrationales Brimborium mit ihnen ermöglicht. Das gibt jener Vernunft eine Chance, die nüchtern angeben kann, was Sache ist, ohne dabei zu verleugnen, woran das Herz hängt.

Zweitens sprachen wir von der Pluralität als Vielfalt gleichwertiger Sinnangebote. Eine gesellschaftliche Konsequenz ist eine unentschiedene Beliebigkeit in vielen Fragen, eine Politik, die sich primär an der Meinungsforschung orientiert, eine wissenschaftliche Welt, die für jede Frage Pro- und Kontra-Gutachten zur Verfügung stellen kann. Auf religiösem Gebiet folgt daraus ein praktischer Synkretismus, in dem sich alles mit allem kombinieren lässt, womit sich viele ihren eigenen Glauben zusammenstricken. Angst als gesellschaftliches und kirchliches Phänomen ist eine Konsequenz eines solchen Orientierungsverlustes. Und je größer sie angesichts all der ökologischen und sonstigen Bedrohungen wird, desto lähmender wirkt sie. – Andererseits freuen sich viele, in einer so spannenden und bewegten Zeit zu leben.

Drittens ging es um Individualität als Hochschätzung der persönlichen Freiheit. Das kann zu Egoismus, Selbstzufriedenheit und gesellschaftlicher Entsolidarisierung führen. Jeder tut nur mehr, was ihm nützt. Es eröffnet aber auch die Chance zur Entfaltung freier, belastbarer, verantwortungsbewusster und solidarischer Persönlichkeiten. Die Kirche fördert diesen Vorgang, wenn sie Freiheitsspielräume eröffnet und gleichzeitig dazu ermutigt, entscheiden und damit verzichten zu lernen.

Viertens war von Modernität als Legitimität des beständigen Wandels die Rede. Eine gesellschaftliche Konsequenz davon ist die Mode und die Wegwerfmentalität als Ausdruck einer Konsumgesellschaft. Dauernd muss es etwas Neues sein, weil eigentlich alles nicht viel Wert ist. Wer das zu spüren beginnt, macht sich auf die Suche nach Qualität. Auf religiösem Gebiet erklären sich daraus jene Suchbewegungen, die häufig New Age oder Esoterik genannt werden, besser aber als Neue Religiöse Kulturformen zu bezeichnen sind. Ein Ausdruck auf kirchlichem Gebiet findet sich vielleicht in den Aufbruchs- und Erneuerungsbewegungen ebenso wie im Ansatz der neuen Evangelisierung. Wo alles ständig in Entwicklung ist, kommt es besonders auf Vertiefung an.

2. Heterogene Aneignung der Moderne

Die meisten Menschen stehen in verschiedenen Lebensbezügen in einem anderen Verhältnis zur Moderne. Zum Beispiel kann eine ältere Hausfrau im familiären und religiösen Bereich traditionell eingestellt sein: Sie hat ihre Rolle als Frau, Mutter und Dienerin der Familie akzeptiert und findet Trost und Kraft dazu im Glauben. Gleichzeitig ist es ihr selbstverständlich, zur Erleichterung der

Hausarbeit technische Haushaltshilfen und industrielle Fertigprodukte zu nützen. Todesfälle in der Familie waren für sie der Anstoß, sich mit esoterisch-postmodernen Reinkarnationslehren zu beschäftigen. Sie lebt soziologisch betrachtet „ungleichzeitig".

Trotz dieser Ungleichzeitigkeiten sind die meisten Menschen vornehmlich in einer von drei Deutungswelten beheimatet. Man kann tatsächlich von einer „Welt" sprechen, einer kompletten Auffassung davon, wie das Leben insgesamt zu sehen ist. Diese Welten widersprechen einander in vieler Hinsicht. Das erklärt einerseits die Konflikte, die z.B. in der Kirche gegenwärtig zwischen den Traditionellen und den Modernen bestehen. Andererseits mischen sich diese Welten teilweise auch – wie wir gesehen haben – in ein und derselben Person. Das kann zu mehr Toleranz und Verständnis für Menschen anderer Auffassungen führen, aber auch zu großen Verunsicherungen, die ängstlich und fundamentalistisch machen.

Die drei Deutungsmuster sind bedingt durch die unterschiedliche Aneignung der *Moderne* in den 60er-/70er-Jahren des 20. Jhs. Seit den 50er-Jahren prägt die Moderne die Logik unserer Gesellschaft. Sie ist durch eine Emanzipation und Individualisierung der Personen, eine Vielfalt der Möglichkeiten und Werthaltungen, eine kritische Rationalität, einen methodischen Atheismus und die Faszination des Fortschritts geprägt. Die katholische Kirche hebt dann auf dem *Konzil* hervor: der existentielle Glaubenszugang des Einzelnen, die gemeindliche Gestaltung des Kirchlichen und die aktive Beteiligung der Laien werden seine großen Früchte.

Angesichts des Erschreckens über die 68er-Bewegung entstehen die *Traditionalen*. Sie akzeptieren die Moderne für alle Lebensbelange, jedoch nicht für den Glauben, weil sie das für gefährlich halten: Der Moderne ist nichts mehr heilig, sie untergräbt jede Autorität und entzieht der Kirche die Macht, den Glauben als Wahrheit durchzusetzen. Die Angst vor der Pluralität und ihren Zumutungen erzeugt auch im gesellschaftlichen Bereich einen neuen Hang zum Fundamentalismus. Nur eine Umkehr zum wahrhaften Glauben (häufig als Marienbotschaften formuliert) und zu den alten Spielregeln des Römisch-Katholischen kann uns aus ihrer Sicht retten.

Anfang der 70er-Jahre bricht mit dem Ölschock und dem Bericht des Club of Rome „Über die Grenzen des Wachstums" der Fortschrittsmythos; die *Postmoderne* wird zur gesellschaftlich prägenden Strömung des beginnenden 21. Jhs. Sie ist geprägt von massiven religiösen Sehnsüchten einerseits und der Suche nach pragmatischen Problemlösungen andererseits. Die Menschen suchen auf neue Weise die Berührung mit dem Heiligen. Ein zugespitzter Individualismus kann mit kirchlicher Gemeindlichkeit nichts mehr anfangen. Die globalisierte Wirtschaft verbreitet machtvoll eine neue Religion des Geldes und des Profits ohne Verantwortung und Reue.

Die drei Deutungsmuster, die bei uns nebeneinander bestehen – in Kirche und Gesellschaft – sehen also das Hauptübel unserer Zeit an je einem anderen Punkt und schlagen daher verschiedene Lösungen vor.

- Die *Traditionalen* erachten die Unübersichtlichkeit und die daraus in ihrer Sicht folgende Wertelosigkeit als Grundübel. Zurück zu den alten Werten und den aus ihnen folgenden, für heute neu gefassten Lebensregeln ist ihre Devise.

- Die *Modernen* sehen das Grundproblem darin, dass mit der gewachsenen individuellen Freiheit die Solidarität nicht mitgewachsen ist. Sie propagieren daher jene größere Freiheit, die frei macht von der Angst, zu kurz zu kommen, und daher bereit macht zum freien Miteinander und zum bestmöglichen Leben für alle.

- Die *Postmodernen* schließlich sehen das Hauptproblem in der Funktionalisierung des Lebens. Die Moderne trennt ja Funktion und Sinn, wobei oft der Sinn ganz verloren geht. Es gelte also, die „Lebensqualität" zu fördern als eine Kulturleistung, mit der die Zufriedenheit einkehrt, weil gut ist, womit ich umgehe.

Diese drei unterschiedlichen Haltungen zur modernen Welt wirken sich in der Kirche in fünf Lebensmustern aus. Ein Lebensmuster ist ein komplexes Schema der Weltwahrnehmung, in das sich alles widerspruchsfrei einordnen lässt, was im Alltag begegnet. Der Mensch ist auf solche Muster angewiesen. Sie machen das Leben erst möglich, weil sie ihm einen einheitlichen Sinn zu geben vermögen. Ein Leben ohne sie wäre chaotisch oder sinnlos.

Die Traditionalen

Die erste kirchliche Gruppe bilden die Traditionalen. Sie sehen die Welt als hierarchische, gottgewollte Ordnung, in der nur das Alte das Gute ist. Pflicht, Gehorsam, Anstand und Demut sind zentrale Werte. Gott ist der oberste Herr und Richter. Die Kirche ist das hierarchisch geordnete und von den Hirten zum ewigen Heil geführte Volk Gottes. Sie hat den Auftrag, das Wort Gottes zu verkünden und die Sakramente gültig zu spenden. Die Pfarrgemeinde versammelt sich um den Priester, um die Liturgie zu feiern und durch die verschiedenen Wege der Seelsorge im Glauben gestärkt zu werden. Die Welt ist der Ort, wo die Gläubigen sich bewähren müssen. Das ist heute besonders wichtig, weil die säkularisierte Gesellschaft keine christlichen Werte mehr kennt. Besonders bedeutsam für ein gläubiges Leben ist die Wahrung der Werte in der Familie und die opferbereite Liebe in allen Prüfungen des Alltags.

Die Gemeindlichen

Die zweite Gruppe, die Gemeindlichen, gehört gemeinsam mit der dritten Gruppe, den Liberalen, zu den Modernen. Sie sehen den Glauben als Beziehungsgeschehen und das Gewissen als obersten Maßstab. Persönliche Kompetenz, Dialog- und Konfliktfähigkeit, der Erfahrungsbezug und eine Verbindlichkeit in der Gemeinschaft sind für sie zentral. Gott begegnet uns im Miteinander auf Augenhöhe, Gotteserfahrung ist eine Suchbewegung. Für die Gemeindlichen ist die Kirche vor allem die Gemeinschaft der Gläubigen, die miteinander auf dem Weg sind. Wir sind dieses Volk Gottes, das Zeichen und Werkzeug für Heil und Erlösung ist. Die Gesellschaft ist demokratisch, und deshalb muss es die Kirche auch sein. Jeder kann leben, wie er möchte; und deshalb müssen wir uns als Christen zusammentun und uns gegenseitig bestärken. Wer sich heute Christ nennen möchte, der muss in einer Gemeinde beheimatet sein. Dort können wir gemeinsam einen persönlichen Glauben entwickeln und ihn in Geschwisterlichkeit und Verantwortung füreinander und für die Welt ausstrahlen lassen. In einer Gemeinde muss es ein geschwisterliches Miteinander geben, wo jede/r angenommen ist, wie sie/er ist. Nur so kann ich heute erfahren, wie Gott mir persönlich begegnen will und dass der Glaube und die Gemeinschaft mich auch über Durststrecken tragen.

Die Liberalen

Für sie ist die Kirche in einer Gesellschaft wie der unseren, die über Jahrhunderte vom Christentum geprägt wurde, vor allem eine wichtige Kulturträgerin. Sie erinnert in einer arbeitsteiligen Gesellschaft an das Religiöse und die humanen Werte. Unsere Gesellschaft ist säkular und gesteht allen gesellschaftlichen Kräften und Werthaltungen ihre Bedeutung zu. Entscheidend ist, dass sie einen konstruktiven Beitrag zur Kultur leisten; von den Kirchen darf das erwartet werden. Die christlichen Gemeinden sollen ein gutes Angebot haben, damit die Menschen ihre religiösen Bedürfnisse befriedigen können. Wenn sie dazu noch kompetente Lebenshilfe anbieten, nehmen sie in der Kultur eine wichtige Rolle ein. Wer heutzutage nach humanistischen Werten lebt und das Seine zum Gelingen des Zusammenlebens beiträgt, der lebt damit gut christlich. Es ist seine Privatsache, ob er auch an den kirchlichen Vollzügen teilnimmt; vorschreiben kann man das jedenfalls Gott sei Dank niemandem mehr.

Die Politischen

Sie gehören teilweise zu den Modernen, teilweise zu den Postmodernen. Für sie ist Kirche vor allem dort, wo sich Menschen auf die Sache Jesu einlassen und eine Option für die Armen und Benachteiligten treffen. Deshalb ist ein unpolitisches, verbürgerlichtes Kirchenbild abzulehnen. Die Verantwortung für eine gerechte Verteilung der Lebenschancen, also Politik, ist die zentrale Aufgabe der Kirche. Es ist daher eine Schande, dass die Kirche ihre erhebliche Macht und Mitgliederzahl in den gewachsenen christlichen Kulturen nicht ausnützt, um eine gerechtere Politik und Wirtschaft zu gestalten. Gemeinde wächst von unten, wo die Armen die erlösende Kraft des Evangeliums erfahren und sich daher gegen Unrechtsverhältnisse solidarisieren. Die so entstehende Kirche des Volkes gehorcht anderen Gesetzmäßigkeiten als eine bürgerlich-klerikale Kirche für das Volk. Christ kann sich in der heutigen Zeit nur nennen, wer sich politisch wach und durch Basisbewegungen wirksam für mehr Gerechtigkeit, Frieden und Bewahrung der Schöpfung einsetzt; notfalls auch durch zivilen Ungehorsam. Denn an den Früchten werdet ihr sie erkennen.

Die Alternativen

Für sie ist die Christenheit vor allem eine weltweit sehr starke und in unserem Kulturkreis die einzig wirksame Macht, um das Spirituelle und Transzendente in den

Menschen wach zu halten. Als Postmoderne erkennen sie die Gottesanmaßung des modernen Menschen und fordern einen Paradigmenwechsel. Ihre Religiosität ist ganzheitlich und alltagsbezogen und orientiert sich am Zeugnis. Gott ist der Geist der Welt. Er wird in der Umkehr zur Schöpfungs- und Reich-Gottes-Logik und in der Kraft zur Heiligung der Welt erfahren. Gemeinsam mit anderen spirituellen Bewegungen hat die Kirche dafür zu sorgen, dass der Vorrang des Lebendigen vor dem Industriellen immer mehr betont und realisiert wird. Unsere Zeit steht an der Wende vom mechanistischen zum ökologischen Leitbild des Denkens und Handelns. An vielen Stellen bricht jener Bewusstseinswandel zu Spiritualität und Ganzheitlichkeit auf, der die Zukunft bestimmen wird. Wo sich Christ/innen mit anderen spirituellen Menschen zu Gemeinden, Netzwerken, Basisbewegungen und Aktionsgruppen zusammenschließen, kann dem neuen ökologischen Paradigma einer „erlösten Lebendigkeit" wirksam zum Durchbruch verholfen werden. Wer von der Begeisterung für diese neue Zeit geprägt ist, wird gerade als Christ Verantwortung für die Zukunft wahrnehmen. Er weiß, dass das Reich Gottes bereits unter uns lebendig ist, und unsere Aufgabe darin besteht, ihm in jeder Hinsicht – politisch, gesellschaftlich, ökologisch; in Entwicklungspolitik, Weltwirtschaft und Lebenshilfe – Geltung zu verschaffen.

Stärken und Herausforderungen

Alle fünf Lebensmuster in der Kirche sind in sich theologisch richtig. Sie unterscheiden sich in der Wahrnehmung der Welt, dem Verhältnis zu den zwiespältigen Errungenschaften der Moderne und damit auch in dem, was sie als zentrale Aufgabe der Kirche und der Christen sehen. Dieses Phänomen ist in sich modern: Es gibt unterschiedliche Einschätzungen der Lage und unterschiedliche biographische Entwicklungen und daher ganz verschiedene gerechtfertigte Lebensentscheidungen.

Wer verantwortlich handeln will, muss Prioritäten setzen; der Einzelne kann nicht alles leisten. Aufgabe der Kirche als ganze ist es – will sie im alten Sinn des Wortes „katholisch", also „umfassend" sein – dafür zu sorgen, dass keine dieser wichtigen Seiten zu kurz kommt. Aufgabe aller Gläubigen ist es, dankbar die unterschiedlichen Charismen der verschiedenen Deutungsmuster anzunehmen und einander zu ermahnen, damit wirklich ernst zu machen.

Es geht also nicht einfach darum, den Vertretern anderer Lebensmuster gegenüber tolerant zu sein. Sie sind in ihrem je eigenen zu bestärken, weil sie in die Kirche etwas Wesentliches einbringen:

• Die Stärke der Traditionalen ist, dass sie genau wissen, wofür sie stehen. Sie sind in ihrem Einsatz für Familie, Andacht im Gottesdienst, Opfermut im Alltag usw. zu ermutigen.

• Die Stärke der Gemeindlichen ist ihr Sinn für das geschwisterliche Miteinander. Sie haben eine Hand fürs Feiern, einen Blick für menschliche Schwächen und die Bereitschaft, ganz unterschiedliche Menschen gelten zu lassen, wenn sie nur mitmachen wollen.

- Die Stärke der Liberalen ist ihr Blick für den gesellschaftlichen Auftrag der Kirche, ihre Verantwortung zur Weltgestaltung und ihre Chance zu religiösen „Serviceleistungen" für jene Fernstehenden, die uns wieder näher rücken könnten.

- Die Stärke der Politischen ist ihr Gerechtigkeitssinn und ihr großes Engagement für die Benachteiligten, auch in politischer, nicht nur in caritativer Hinsicht.

- Die Stärke der Alternativen ist ihr gutes Verständnis für die weltweiten Zusammenhänge der gegenwärtigen Krisen quer durch die Bereiche Religion, Wirtschaft und Kultur hindurch.

3. Heiligung der Welt – die neue Qualitätserwartung

Die heutige postmoderne Zeit ist auf neue Weise religiös interessiert. Sie sucht das Christsein aber nicht in der Kirche, sondern im Leben. Das entspricht dem kirchlichen Selbstverständnis des Konzils: Das Wesen der Kirche ist ihre Sorge um die Menschen; und das Wesen des Volkes Gottes ist es, als Laien die Welt zu heiligen. Die zentralste pastorale Konsequenz ist die Qualitätserwartung. Die Kirche wird nicht mehr aus Christenpflicht oder Gemeinschaftssinn aufgesucht, sondern nur, insofern sie dem/der Einzelnen gut tut. Das erfordert keineswegs angepasste Beliebigkeit, sondern beinhaltet die Herausforderung, das christlich und kirchlich Eigentliche der Zeit entsprechend zu gestalten. Konkret wird das entlang der kirchlichen Grundvollzüge in fünf Bereichen:

- **Lebenshilfe – die diakonische Seite des Christseins**

Sie beinhaltet Unterstützung, Beistand, Trost, Heilung, Befreiung, Versöhnung und Ermächtigung. Ihr Qualitätsmaßstab ist der *Dienst:* einander (nach den eigenen Möglichkeiten) so hilfreich sein, wie es den anderen nach ihren Maßstäben gut tut.

- **Identitätssuche und Berufung – die gemeindliche Seite**

Sie zielt auf Beheimatung nach drei Seiten: im eigenen Ich, in sozialen Gefügen (von der eigenen Familie über diverse peer-groups bis zur kirchlichen Gemeinde) und im Angesicht Gottes (als Vertrauen in die verlässliche Beziehung mit ihm). Ihr Qualitätsmaßstab ist die *Liebe,* ihr Schlüsselthema die *Charismen:* um das Eigene liebevoll so zu entwickeln, dass es mich zu einem wertvollen Mitglied der Gemeinschaften macht, mein Lebensglück begründet und darin als Berufung von Gott her erfahren wird.

- **Orientierungswissen – die verkündigende Seite**

Sie erschließt menschliche Lebenserfahrungen in einer Weise, dass sie offen werden für das Evangelium und sich von diesem neu herausfordern lassen. Ihr Qualitätsmaßstab ist *Wahrheit in Barmherzigkeit,* ihr Schlüsselthema ist eine *Umkehr der Werte:* vom „ganz normalen" Blickwinkel – ausgerichtet an Selbstdarstellung, Eigennutz und Bequemlichkeit – zur „wundervollen" Ausrichtung an Gerechtigkeit (als Solidarität und Verantwortung), Schöpfungsfrieden (als paradiesische Lebensgestaltung nach Gärtner-Art) und Freude im Heiligen Geist (ora et labora: gelassene Arbeit und heiteres Gottvertrauen).

- Kritische Unterscheidung und Verheißung
  – die prophetische Seite

Sie eröffnet den Blick auf die christliche Verheißung vom Reich Gottes, das mitten unter uns zur lebendigen Erfahrung wird, wo Menschen den Möglichkeitssinn der Hoffnung gegen die Perspektivenlosigkeit der Sachzwänge entwickeln: im persönlichen Umgang miteinander wie im Kontext von Gesellschaft, Wirtschaft und Kirche. Ihr Qualitätsmaßstab ist *Hoffnung,* ihr Schlüsselthema die *positive Kritik:* um in der kritischen Unterscheidung Menschen, Strukturen und Blickwinkel zu ihren je größeren und besseren gottgewollten Perspektiven zu befreien.

- Erlöste Lebendigkeit – die sakramentale Seite

Sie zielt auf eine spirituelle Verankerung des ganzen Menschen im tragenden Grund des Heiligen, sodass sich in existentiell-sakramentalen Einzelerfahrungen („Gipfelerlebnissen") der Himmel auf Erden ereignet. Sie führt zu Staunen, ehrfürchtiger Dankbarkeit und strahlender Lebensfreude. Ihr Qualitätsmaßstab ist *heitere Gelassenheit,* ihr Schlüsselthema *Kreuz und Auferstehung:* Wer sich auf's Christsein einlässt, ist immer ein Gekreuzigter zwischen Himmel und Erde, zerrissen zwischen den Logiken des Alltags und der Logik des Reiches Gottes. Das Kreuz des Scheiterns und des Elends birgt bereits die Samen der Auferstehung. Aufgabe des Christseins ist es, sie zum Keimen und Wachsen zu bringen und Gottes Anteil daran lieber zu groß als zu klein einzuschätzen.

Gerhard Lohfink

Haben die ersten Christen Jesus verstanden?

Es gibt Texte, die so verblüffend sind, dass sie immer wieder zitiert werden. Zu diesen Texten gehört der nun schon über 100 Jahre alte Satz des französischen Bibelwissenschaftlers Alfred Loisy: „Jesus verkündete das Reich Gottes – und was kam, war die Kirche."[1] Ich gehe jetzt nicht der Frage nach, wie Loisy selbst diesen Satz verstanden hat. Ich frage vielmehr, wie der Satz von denen verstanden wird, die ihn genüsslich zitieren. Meistens verstehen sie ihn als bittere Ironie.

Da sei auf der einen Seite das Reich Gottes, wie Jesus es verkündet habe: die große, umfassende, unfassliche Verwandlung der Welt unter die Herrschaft Gottes – und dann nach Ostern die Kirche: eine Größe mit all den Grenzen, die zu einem gesellschaftlich verfassten Gebilde gehören. Also: ein Abgrund zwischen der Verkündigung Jesu und der Realität nach Ostern! Einerseits die Herrlichkeit des Reiches Gottes – andererseits die bittere Dürftigkeit der real existierenden Kirche.

Ich sage sofort, was ich von solcher Gegenüberstellung Reich Gottes / Kirche halte: Nichts, gar nichts! Denn sie reißt eine Kluft zwischen dem Wollen Jesu und der Wirklichkeit der Kirche auf, die weder Jesus noch der Kirche gerecht wird. Warum?

Zunächst einmal deshalb, weil auch Jesus die kleinen, völlig unscheinbaren Anfänge des Reiches Gottes geschildert hat. Ich erinnere an die Metaphern Senfkorn, Sauerteig, gefährdete Saat, leise und im Stillen wachsende Saat.[2]

Zweitens, weil das Reich Gottes, das Jesus verkündete, keine Realität jenseits der Gesellschaft ist. Dazu hat man das Reich Gottes zwar immer wieder machen wollen: Man hat es in die ferne Zukunft verlegt oder in die absolute Transzendenz oder in die Tiefe der menschlichen Seele. In Wirklichkeit aber meint das Reich Gottes bei Jesus konkrete gesellschaftliche Realität. Die Basileia Gottes hat ihren Ausgangspunkt in einem realen Volk. Die Weltverwandlung durch die Gottesherrschaft muss in Israel beginnen.

Reich Gottes und Volk Gottes sind zwar nicht dasselbe. Aber sie stehen in einer festen Korrelation. Jesus lässt in der zweiten Vaterunser-Bitte um das Kommen des Reiches beten. Aber unmittelbar davor, in der ersten Bitte, lässt er beten um die Sammlung und Heiligung des Gottesvolkes. Genau das ist nämlich mit der Bitte „geheiligt werde dein Name" gemeint.[3] Im Hintergrund steht dabei die Theologie des Ezechielbuches.[4] Jesus proklamiert das Reich Gottes, ja – aber er proklamiert es nicht nur, sondern er beginnt mitten in Israel mit der realen Weltveränderung, die mit der Gottesherrschaft gemeint ist. Die Proklamation des Reiches Gottes ist verknüpft mit der Sammlung Israels.[5]

Und da die Kirche nichts anderes ist als das auf Jesus hörende, ihm nachfolgende, durch ihn geheiligte und erlöste Israel, sind Reich Gottes und Kirche aufs engste miteinander verknüpft. Dass Jesus das Reich verkündete und dann nach Ostern die Kirche kam, war kein tragischer Absturz, war keine bittere Ironie der Geschichte, war keine Perversion des Willens Jesu, sondern hing konsequent mit der gesellschaftlichen Dimension der Reich-Gottes-Verkündigung Jesu zusammen.

Vor diesem Hintergrund möchte ich im Folgenden der Frage nachgehen, ob die Frühe Kirche das, was Jesus wollte, begriffen und gelebt hat. Allerdings: Ein so weit gespanntes Thema erforderte eigentlich bedeutend mehr Zeit. Ich versuche deshalb das, was anhand vieler Phänomene zu untersuchen wäre, mithilfe von drei Stichproben zu erkunden: 1. Gewaltverzicht, 2. Nächstenliebe und 3. Naherwartung. Weshalb ich gerade diese drei Stichproben gewählt habe, werde ich jeweils begründen.

1. Der Gewaltverzicht bei Jesus und in der Frühen Kirche

Weshalb gerade das Beispiel „Gewaltverzicht"? Der Grund liegt auf der Hand: In den letzten Jahrzehnten hat sich der Islam überall in der Welt nicht nur stärker ausgebreitet. Er tritt auch mit einem neuen Selbstbewusstsein auf. Dagegen wäre nichts zu sagen. Doch leider entstehen innerhalb des weiten Geländes des Islam in zunehmender Wucht *terroristisch-islamistische* Bewegungen, die nicht nur „heilige Kriege" führen, sondern die Gewalt ausdrücklich im Programm haben und sich dafür auf den Koran berufen.[6] Mord wird von diesen Bewegungen als Gottesdienst ausgegeben.

Solche menschenverachtende Gewalt lässt bei vielen auf-
geklärten Frauen und Männern den Widerwillen gegen
Religion, den sie sowieso schon in sich tragen, noch
wachsen. Das Christentum (und Israel) werden in diesen
Widerwillen miteinbezogen. Man hört heute sogar immer
häufiger die Behauptung, alle monotheistischen Religio-
nen hätten von Natur aus einen tief eingefleischten Drang
zur Gewalt. Und dann werden wiederum Israel, die Kirche und der Islam in einem Atemzug genannt.

Demgegenüber kann nicht oft genug und nicht deutlich
genug gesagt werden: Schon das alttestamentliche Israel hat in seinen Spitzentexten auf jede Gewalt ver-
zichtet. Die absolute Gewaltlosigkeit Jesu hat ihre Wurzeln im Alten Testament – und zwar vor allem in der
Theologie vom Gottesknecht. Die entsprechenden Texte
stehen in den Kapiteln 40–55 des Jesaja-Buches. Mit
dem Gottesknecht ist das nach Babylon deportierte Israel gemeint. Der Gottesknecht Israel schreit nicht und
lärmt nicht (Jes 42,2). Er erwartet seine Rechtfertigung
angesichts des Unrechts, das ihn trifft, allein von Gott
(Jes 49,4). Er hält seinen Rücken denen hin, die ihn
schlagen (Jes 50,6). Und er tut seinen Mund nicht auf
gleich einem Lamm, das man zum Schlachten führt (Jes
53,7).

Die so genannten Gottesknechtslieder im Jesaja-Buch
reden von dem geschlagenen, verschleppten, geknech-
teten Israel, das allein auf Gott setzt und gerade durch
seinen absoluten Gewaltverzicht zum Heil für die Völker
wird.[7] Nun ist es aber so: Ausgerechnet das Jesaja-Buch
hat in Israel die bis dahin geltende Alleinverehrung Jʜᴡʜs,

die durchaus noch mit der Existenz anderer Götter rechnete, abgelöst und reinen Monotheismus dagegen gesetzt. Das bedeutet: Genau zu *der* Zeit und genau an *der* Stelle, an der sich in Israel der Monotheismus durchsetzt, entstehen im Gottesvolk die eindeutigsten Texte für radikale Gewaltlosigkeit. Folgerung: Wer Gewalt an den Monotheismus koppeln möchte, mag sich im Koran umsehen. Vom Monotheismus der Bibel aber sollte er die Finger lassen, sonst zeigt er seine krasse Ignoranz.

Andererseits muss man natürlich zugeben: Im vergewaltigenden und mordenden Islamismus zeigt sich Religion in einer so widerwärtigen Gestalt, dass man den Zorn vieler Menschen gegen die Religion verstehen kann. Umso notwendiger ist es in diesen Jahren, das Ethos Jesu wahrzunehmen: Jesu absolute Gewaltlosigkeit, seine Aufforderung, sich lieber unter Verlust seiner Ehre ins Gesicht schlagen zu lassen, als zurückzuschlagen (Mt 5,38–42). Jesus war überzeugt, dass letztlich nur so die Gewalt-Eruptionen der Gesellschaft eingedämmt werden können.

Ich denke, dass ich darauf verzichten darf, nun die Aufforderungen Jesu zum Gewaltverzicht innerhalb der Bergpredigt im Einzelnen anzuführen.[8] Ich möchte nur auf drei Dinge hinweisen:

1. Die Bergpredigt richtet sich an die Jünger Jesu und über seine Jünger an das ganze Gottesvolk Israel. Die Aufforderungen Jesu zum Gewaltverzicht sind kein Programm für den Staat. Der Staat darf nicht jedem geben, der ihn bittet; der Staat darf nicht auch noch die andere Backe hinhalten, und dem Staat kann nicht der Satz gel-

ten: „Leistet dem Bösen keinen Widerstand" (Mt 5,39). Die Bergpredigt ist gedacht für ein Gottesvolk, das als Volk inmitten der Völker die Reich-Gottes-Praxis Jesu lebt und so zum Zeichen des Friedens für die Völker wird.

2. Bei seinen Aufforderungen zum Gewaltverzicht redet Jesus genau wie an vielen anderen Stellen in prophetisch-provokativer Zuspitzung. Das ändert aber nichts daran, dass er auf reale Verhaltensweisen abzielt, die als solche einzulösen sind und die modellartig analoge Fälle beleuchten. Jesus untersagt seinen Jüngern tatsächlich das Anwenden von Gewalt, und er ist überzeugt, dass jeder, der sein Wort annimmt, ohne Gegengewalt und Wiedervergeltung leben kann.

3. Die Aufforderungen Jesu zum Gewaltverzicht finden sich nicht nur in der Bergpredigt. Sie bilden auch den Hintergrund der großen Aussendungsrede in Mk 6, Mt 10 und Lk 9 und 10. Jesus verbietet seinen Jüngern, wenn sie durch Israel ziehen, um überall die Gottesherrschaft auszurufen, unterwegs Sandalen zu tragen (Lk 10,4), einen Stock mitzuführen (Lk 9,3) und Geld in der Tasche zu haben (Lk 10,4). Nicht einmal Brot dürfen sie mitnehmen (Mk 6,8).

Damit sollte keineswegs jene Art von Bedürfnislosigkeit imitiert werden, wie sie damals kynische Wanderphilosophen demonstrierten. Die fehlende Ausrüstung der Jünger soll vielmehr als ein „Zeichen" wahrgenommen werden, das sie von der Kampfbereitschaft der antirömischen Widerstandskämpfer unterscheidet. Wer keinen Stock bei sich hat, kann sich nicht verteidigen; wer kein

Schuhwerk an den Füßen hat, kann auf dem steinigen Boden Palästinas nicht einmal die Flucht ergreifen. Wer kein Geld mit sich führt, ist mittellos, hilflos und völlig angewiesen auf Sympathisanten innerhalb der Jesusbewegung. Für Jesus war diese sofort erkennbare Unterscheidung von den „Gotteskriegern" seiner Zeit von fundamentaler Notwendigkeit. Die Jesusbewegung durfte nicht mit den Strategien der Zeloten verwechselt werden.

Hat nun die junge Kirche diesen radikalen Gewaltverzicht, der für Jesus ein Signal der ankommenden Gottesherrschaft war, begriffen und gelebt? Das ist die erste Frage, um die es hier geht.

Allerdings: Die Beantwortung dieser Frage wirft zwei Probleme auf. Zunächst: Es wäre schön, wenn wir über das reale Leben der Christen in den drei ersten Jahrhunderten noch viel mehr wüssten. Doch die Quellen sprudeln nicht gerade stark. Wir sind gezwungen, Rückschlüsse zu ziehen aus Predigten der Kirchenväter oder aus den Schriften der so genannten Apologeten, die den christlichen Glauben gegen die Vorwürfe der Heiden verteidigt haben.

Außerdem stellt sich natürlich die Frage: Darf eine Glaubensgemeinschaft nur nach dem beurteilt werden, was sie *de facto* lebt? Juden wie Christen wussten stets, dass sie weit hinter dem zurückblieben, was sie tun sollten. Sie wussten, dass es auch in ihrer Mitte immer wieder schwere Schuld gab: Mord, Streit, Ehebruch, Rivalitäten, Religionskämpfe, Verbrechen jeder Art. Juden wie Christen wussten, dass sie Gott immer von neuem Widerstand leisteten, angesichts seiner Verheißungen murrten und ständig umkehren mussten.

Ich will also im Folgenden keineswegs ein romantisch verklärtes Bild einer makellosen und heroischen kirchlichen Frühzeit anpreisen. Es gab auch damals in der Kirche schreckliches Elend, jämmerliche Feigheit und tiefe Schuld. Weil aber heute viele fast nur noch die Kriminalgeschichte des Christentums interessiert, müssen wir umso dringender auch über die andere Seite reden: über die Treue der Frühen Kirche zum Evangelium. Außerdem dürfen wir nicht nur auf das schauen, was die Christen *waren*, sondern genauso auf das, was sie *sein wollten*.

Das wird sofort deutlich, wenn wir einen ersten Text in den Blick nehmen: 1 Kor 6,1–8. Dieser Text zeigt: Mitglieder der Christengemeinde von Korinth hatten untereinander Rechtsstreitigkeiten und gingen damit vor heidnische Richter. Paulus ist darüber empört. Er hält das für eine Perversion des Evangeliums. Die Gemeindemitglieder sollen ihre Streitigkeiten *untereinander* regeln. Das legt Paulus in einer ersten Reihe von Argumenten dar. Doch dann bohrt er tiefer und greift dabei auf die Bergpredigt Jesu zurück: Er schreibt der Gemeinde von Korinth: Warum wehrt ihr euch überhaupt? Warum leidet ihr nicht lieber Unrecht? Warum lasst ihr euch nicht lieber ausrauben? (1 Kor 6,7)

1 Kor 6 macht deutlich: Die heidnische Lebensweise sitzt der Gemeinde von Korinth noch tief im Fleisch: Streit, Rivalitäten, Rechtshändel! Paulus erklärt ihnen deshalb: So darf es nicht sein. Solche Lebensweise hat mit dem

Reich Gottes nichts zu tun (6,10). Ihr seid doch durch Christus Geheiligte (6,11).

Es kommt also bei den Fragen, um die es jetzt hier geht, nicht nur auf die gelungene Realisierung an, sondern auch auf das *Bewusstsein*, das die Realität formen möchte. War sich die junge Kirche der Bergpredigt bewusst? War das Wissen lebendig, dass Jesus Gewaltlosigkeit gefordert hatte?

Fragt man auf dieser Ebene, so stoßen wir auf ein geradezu spannendes Phänomen. Das Jesaja-Buch hatte in seinem 2. Kapitel geschildert, wie einst die heidnischen Völker zum Zionsberg kommen würden.[9] Sie würden kommen aus ihrer Ausweglosigkeit und Existenznot heraus und dem Schrecken ihrer ständigen Kriege. Sie würden kommen, um von Israel zu lernen. Vor allem, um zu lernen, wie man die alles verwüstenden Kriege beenden kann. Denn vom Zion aus ergeht dann das klärende und alles erhellende Wort Gottes. In genau diesem Zusammenhang fällt das berühmte Wort:

Dann schmieden sie [die Völker] Pflugscharen aus ihren Schwertern und Winzermesser aus ihren Lanzen. Man zieht nicht mehr das Schwert, Volk gegen Volk, und übt nicht mehr für den Krieg. (Jes 2,4)

Die Theologen der jungen Kirche haben dieses Prophetenwort auf die Heidenkirche bezogen.[10] Sie haben gesagt: Der Zionsberg ist die Kirche. Dort ergeht das Wort Jesu. Wir, die Heidenchristen, haben uns zum wahren Gott auf den Weg gemacht. Wir haben, als wir getauft wurden, gelernt, unsere Waffen abzulegen. Wir haben unsere Schwerter und Lanzen umgeschmiedet zu Werkzeugen des Friedens. Wir üben nicht mehr für den Krieg. Jesaja 2 hat sich bereits erfüllt. Die Prophetie des Jesaja ist Realität geworden. Wir gebrauchen keine Gewalt mehr.

Sie finden diese Auslegung von Jes 2 bei allen großen Theologen der jungen Kirche: bei Justin, bei Irenäus, bei Tertullian, bei Origenes, bei Athanasius. Aber entsprach ihren Auslegungen wirklich die Realität? Oder war es eben doch „nur" Theologie?

Natürlich wäre es schön, wenn die Theologen das alles nicht nur gesagt, sondern wenn die christlichen Gemeinden es auch gelebt hätten. Und hier, an dieser Stelle, kommen nun die so genannten Apologeten ins Spiel.[11]

Die Apologeten, nicht selten ehemals heidnische Philosophen, die Christen geworden waren, verteidigen das Leben der Christen. Weil die Christen bei vielen heidnischen Gebräuchen und Praktiken einfach nicht mitmachten und sich schlicht verweigerten, warf man ihnen „Hass gegen das Menschengeschlecht" vor[12] und unterstellte ihnen alle möglichen Gräueltaten. Die Apologeten hielten dagegen, indem sie das wahre Leben der Christen schilderten. Die Schriften aller Apologeten durchzieht ein großes und unerschütterliches Vertrauen, dass die christliche Praxis von selbst überzeugen werde. Sie sagen ihren heidnischen Lesern immer wieder: Wir haben nicht nur die wahre Philosophie, sondern auch die richtige Praxis, und beides steht in einem tiefen Zusammenhang. So schreibt zum Beispiel Athenagoras von Athen in seiner „Presbeia":

Bei uns könnt ihr ungebildete Leute, Handwerker und alte Mütterchen finden, die, wenn sie auch nicht imstande sind, mit Worten die Nützlichkeit ihrer Lehre darzutun, so doch durch Werke die Nützlichkeit ihrer Grundsätze aufzeigen. Denn nicht auswendig gelernte Worte sagen sie her, sondern gute Taten zeigen sie auf: geschlagen nicht wieder zu schlagen, ausgeraubt nicht zu prozessieren, den Bittenden zu geben, die Nächsten wie sich selbst zu lieben.[13]

Hier wird also unmittelbar die Bergpredigt zitiert. Ähnlich ist es in vielen anderen frühchristlichen Verteidigungen des Christentums. Ich muss mir weitere Texte ersparen. Eines scheint mir sicher: Eine Verteidigungsschrift des christlichen Glaubens musste sich auf reale Lebensformen der Christen berufen können. Sonst wäre sie Schall und Rauch gewesen.

Allerdings bleibt in diesem Zusammenhang eine wichtige Frage: Wie war die Stellung der Frühen Kirche zum Kriegsdienst? Haben die Bischöfe ihren Gläubigen verboten, im römischen Heer Kriegsdienst zu leisten? Das wäre ein Test, der vieles klären könnte. Die Forschungslage ist aber schwierig.[14] Es gab viele Getaufte, die Soldaten wurden, und viele Soldaten, die sich taufen ließen. Historisch ist das völlig sicher und gut zu belegen.[15] Es gab in der Frühen Kirche auch keinen allgemeinen und grundsätzlichen christlichen Pazifismus.[16] Allerdings darf man ihn auch gar nicht erwarten. Denn wir hatten ja bereits gesehen: Die Bergpredigt regelt nicht das staatliche Leben. Sie regelt das Leben der Jesusjünger untereinander. Das ist also die eine Seite, auf die hingewiesen werden muss: Es gab viele Soldaten, die Christen waren.

Andererseits aber gab es tatsächlich Theologen der Alten Kirche, die es ablehnten, dass Christen Kriegsdienst leisteten.[17] Der wichtigste dieser Theologen ist Origenes. Der Christengegner Kelsos hatte eine Schrift gegen die Christen verfasst. In ihr hatte er ihnen vorgeworfen, sie würden sich nicht am Erhalt des Staates beteiligen, sondern sich von der römischen Gesellschaft distanzieren. Sie würden zum Beispiel den Kaiser bei seinem Kampf gegen die Barbaren, die bereits die Grenzen des Reiches überfluteten, allein lassen.

Origenes antwortet[18]: Ihr verlangt ja von euren Priestern auch nicht, dass sie Soldaten werden. Wir Christen aber sind alle Priester. Nämlich in dem Sinn, dass wir die Gesellschaft, in der wir leben, heiligen. Wir beten für den Kaiser. Wir beten dafür, dass gerecht regiert wird und dass nur gerechte Kriege geführt werden. Das ist wichtiger, als dass wir selbst Krieg führen.

Hier haben wir also eine überaus klar bezogene Position zu der Frage, ob ein Christ Soldat sein kann, und vor allem ein klares Bewusstsein von der eigentlichen und wichtigsten Aufgabe der Kirche in der Gesellschaft. Sie soll die heidnische Gesellschaft davor bewahren, sich in Kriegen, die aus Habgier und Eroberungslust geführt werden, selbst zu zerstören. Damit sind wir ganz nahe bei der Bergpredigt und ganz nahe bei dem, was das Gottesvolk im Sinne Jesu sein soll: Sauerteig für die Gesellschaft – gerade durch seine Gewaltlosigkeit.

Im Übrigen ist es keineswegs so, dass wir, was den Militärdienst angeht, nur die Stimme von Theologen hätten. In zumindest *einer* Kirchenordnung hat sich die ganze Frage auch rechtlich niedergeschlagen.[19] In der Hippolyt zugeschriebenen „Traditio Apostolica", einer Kirchenordnung, von der wir nicht wissen, wann und wo sie in Geltung war, heißt es[20]:

Ein Soldat[21] *unter Befehlsgewalt darf niemanden töten. Wenn er dazu den Befehl erhält, darf er ihn nicht befolgen. Auch darf er keinen Eid leisten. Geht er darauf nicht ein, so weise man ihn [als Taufbewerber] ab. Wer die Schwertgewalt hat oder Stadtmagistrat ist und den Purpur trägt, muss von seinem Amt zurücktreten. Andernfalls weise man ihn [als Taufbewerber] ab. Wenn ein Taufbewerber oder ein Gläubiger Soldat werden will, weise man ihn ab, denn er hat Gott missachtet.*

Ich betone: Diese Kirchenordnung war keineswegs in der ganzen Kirche verbreitet. Sie zeigt aber, dass der Gewaltverzicht Jesu im Bewusstsein der Christen – auch was die Frage des Kriegsdienstes anging – nicht völlig untergegangen war. Denn die „Traditio Apostolica" setzt zwar die Existenz christlicher Soldaten voraus, sagt aber, dass einer, der in den Stand der Katechumenen eingetreten ist, nicht mehr Soldat werden darf.

2. Die Nächstenliebe bei Jesus und in der Frühen Kirche

Als zweite Stichprobe wähle ich das Thema der Nächstenliebe, weil gerade dieses Thema heute mit einem schweren Missverständnis belastet ist. Denn es wird uns ja ständig eingeredet: „Du kannst den Anderen nur lieben, wenn du dich zuerst einmal selbst liebst." Das beschwören nicht nur Psychologen und Psychotherapeuten. Es ist das Hauptthema der religiösen „Erbauungsliteratur" des 21. Jahrhunderts.

Es ist ja auch nicht völlig falsch. Selbst-Annahme ist wichtig und kann sogar etwas zutiefst Christliches sein. Falsch wird die Sache nur, wenn sie auf unentwegte, lustvolle Selbstfindung hinausläuft. Und falsch wird die Sache vor allem dann, wenn behauptet wird, das „...wie dich selbst" des Liebesgebotes begründe Selbstliebe und Selbstannahme. Denn in der Bibel ist die Selbstannahme keineswegs die Basis der Nächstenliebe. Die Bibel redet überhaupt nicht von Selbst-Annahme, sondern von Umkehr, und auch nicht von Versöhnung mit sich selbst, sondern von Versöhnung mit Gott und dem Nächsten.

In der Bibel meint das „Du sollst deinen Nächsten lieben *wie dich selbst*" gar nicht das individuelle „Ich" im modernen Sinn. Das „Ich" ist hier vielmehr die eigene Familie. Man kann das sehr schön an der Berufung Abrahams sehen. Gott sagt ja zu Abraham:

Ich werde dich zu einem großen Volk machen, dich segnen und deinen Namen groß machen. Ein Segen sollst du sein. (Gen 12,2)

Wen meint denn dieses „du" und dieses „dich"? Natürlich Abraham. Aber eben nicht Abraham allein. Denn mit ihm verlassen die alte Heimat seine Frau Sara, sein Neffe Lot, sowie die Knechte und Mägde, die sie in Haran gewonnen hatten (Gen 12,4-5). Das heißt: Abraham wandert mit seiner ganzen Großfamilie, mit seinem Vieh und seinen Zelten Kanaan entgegen.

Vor diesem Sprachhintergrund, der für das Alte Testament selbstverständlich ist, will das Gebot der Nächstenliebe aus Levitikus 19,18.34 sagen: Die Hilfe und Solidarität, die jeder in Israel der eigenen Verwandtschaft und vor allem der eigenen Familie schuldet, ist auf ganz Israel auszudehnen. Die Grenzen der eigenen Familie sind zu durchbrechen auf alle Brüder und Schwestern im Gottesvolk hin, selbst auf die Fremden, selbst auf diejenigen, die deiner Familie und deiner Verwandtschaft als Feinde gelten. Das will Levitikus 19 sagen. Und das ist milchstraßenweit entfernt von der individuellen Selbstliebe, die uns heute von vielen Seiten gepredigt wird.

In Levitikus 19 wird somit die Binnen-Solidarität, die dem „Ich", also der Familie und dem Clan gilt, aufgesprengt und ausgeweitet auf ganz Israel. Selbst der Fremde im Gottesvolk hat nun Anspruch auf die gleiche Solidarität wie der leiblich Verwandte. Selbst die Fremden im Land sollen den Alteingesessenen zu Brüdern und Schwestern werden, sagt Levitikus 19. Das war keine Selbstverständlichkeit. Das ging gegen alle damaligen Werte und Regeln.

Jesus greift nun exakt diesen revolutionären Schritt der Exils-Theologie Israels auf. Ja, er radikalisiert ihn noch. Im Pentateuch stehen das Gebot der Gottesliebe und das Gebot der Nächstenliebe noch unverbunden nebeneinander – das eine in Deuteronomium 6, das andere in Levitikus 19. Jesus verknüpft beide Gebote miteinander, mehr noch, er setzt das Gebot der Nächstenliebe dem Gebot der Gottesliebe an Wichtigkeit gleich (Mt 22,39).

Beide Gebote sind für ihn überhaupt nicht zu trennen. Beide werden für ihn zur Mitte der Tora.

Aber das alles bleibt bei Jesus nun gerade nicht nur eine schöne Theorie. Es wird zum Zentrum dessen, was er tut. Als Jesus auftritt, ist das Gottesvolk zutiefst gespalten und zerrissen: in Samaritaner, Sadduzäer, Pharisäer, Zeloten und Essener. Jede dieser Gruppen und Religionsparteien feindet die andere an und beansprucht, das „wahre Israel" zu sein, das allein dem Willen Gottes entspricht. Sieht man genau hin, so ist Jesus mit genau demselben Skandal konfrontiert wie wir heute: mit der Spaltung des Gottesvolkes.

Was macht er angesichts dieser Situation? Sein gesamtes Wirken, seine gesamte Reich-Gottes-Praxis läuft darauf hinaus, dieses zerrissene Israel angesichts der nahen Gottesherrschaft zu sammeln, zu einen und zu erneuern.

Und genau in diesen Kontext gehört sein Gebot der Nächsten- und Feindesliebe. Es handelt sich nicht um eine Fernstenliebe, die sozusagen alle Menschen umarmt und „im Geist" zu Nächsten macht. Nein, es geht sehr konkret darum, die Feindschaften im Gottesvolk zu beseitigen sowie alle Fremden, die innerhalb des Gottesvolkes leben, brüderlich und schwesterlich zu behandeln. Anders gesagt: Sie so zu behandeln, dass sie aufgenommen sind in den Schutzraum gegenseitiger Achtung und Solidarität. Genau das ist biblisch mit *agape* gemeint.

Hat die junge Kirche diese radikale Nächstenliebe, die für Jesus ein Signal der herandrängenden Gottesherrschaft war, begriffen und gelebt?

Es wäre an dieser Stelle sinnvoll, sich ausführlich mit den Paulusbriefen zu beschäftigen. Denn sie zeigen nicht nur, wie zentral bei Paulus die innergemeindliche *agape* ist. Sie zeigen, dass für ihn die *agape,* wie schon im Alten Testament, nicht in schönen Gefühlen besteht, sondern in gegenseitiger Annahme, in gegenseitiger Achtung, Hilfe und Solidarität. Für Paulus greift diese Solidarität sogar über die christliche Gemeinde hinaus. Dann spricht er allerdings nicht mehr von *agape*, sondern vom „Gutes tun"[22]. Schließlich zeigen die Paulusbriefe, dass die christliche *agape* ihren tiefsten Grund in dem sich am Kreuz hingebenden Jesus hat.

Doch ich gehe nicht weiter auf Paulus ein, sondern wende mich sofort nun der jungen Kirche im 2. und 3. Jahrhundert zu. Hat sie die gegenseitige *agape*, also die Mitte der Reich-Gottes-Praxis Jesu gelebt? Hier wären nun viele Belege zu nennen – sowohl aus den Schriften der großen Theologen der Frühen Kirche als auch aus den Schriften der Apologeten. Ich wähle zunächst drei christliche Texte aus:

Zuerst einen wichtigen Text aus der Apologie des Justin. Der Text ist deshalb so bemerkenswert, weil wir hier, im 67. Kapitel von Justins Apologie, die älteste Schilderung der kirchlichen Eucharistiefeier vor uns haben. Justin beschreibt zunächst den Wortgottesdienst, dann kommt er auf die Predigt zu sprechen, nennt dann Fürbitten, Gabenbereitung, das Hochgebet mit dem Amen der Gemeinde und die Austeilung der Kommunion. Schließlich, am Ende seiner Schilderung, sagt er noch etwas zur Kollekte, und zwar Folgendes[23]:

Wer aber die Mittel und guten Willen hat, gibt nach seinem Ermessen, soviel er will, und was da zusammenkommt, wird bei dem Vorsteher hinterlegt. Dieser kommt damit Waisen und Witwen zu Hilfe, solchen, die wegen Krankheit oder aus sonst einem Grunde bedürftig sind, den Gefangenen und den Fremdlingen, die in der Gemeinde anwesend sind.

Die sonntägliche Kollekte diente also allen in der Gemeinde, die Hilfe brauchten. Es handelte sich vor allem um Witwen, Waisen, Alte und Kranke; um die arbeitslosen, die gefangenen und die verbannten Mitchristen; um Christen auf der Durchreise und um alle aus der Gemeinde, die in eine besondere Notlage geraten waren. Hinzu kam die Sorge um ein würdiges Begräbnis der Armen.

Damit war ein Netz sozialer Sicherheit gegeben, das in der Antike einzigartig dastand. Es beruhte auf gegenseitiger Hilfe und freiwilligen Spenden, die eben in der Eucharistiefeier eingesammelt wurden. Wenn die frühen Christen von der *agape*, der Nächstenliebe redeten, meinten sie genau diese gegenseitige Hilfe. Allerdings griff die *agape* über die eigene Ortsgemeinde hinaus. So schreibt der Bischof Dionysios von Korinth um das Jahr 170 an die Gemeinde in Rom[24]:

Von Anfang an hattet Ihr den Brauch, allen Brüdern auf mannigfache Weise zu helfen und vielen Gemeinden in allen Städten Unterstützungen zu schicken. Durch die

*Gaben, die Ihr von jeher geschickt habt, da Ihr als Rö-
mer einem überlieferten römischen Brauch folgt, erleich-
tert Ihr die Armut der Dürftigen und unterstützt Ihr die
in den Bergwerken[25] lebenden Brüder. Euer heiliger Bischof Soter hat diesen Brauch nicht nur festgehalten, er
hat ihn sogar noch erweitert.*

Nächstenliebe blieb also kein leeres Wort: weder innerhalb der einzelnen Gemeinde noch innerhalb der Kirche
im ganzen. Die *agape* erwies sich als ein handfestes
Konzept, wirtschaftliche und soziale Nöte innerhalb der
Kirche in den Griff zu bekommen. Es ging dabei freilich
nicht nur um wirtschaftliche Nöte. Als um das Jahr 260
in der Großstadt Alexandrien die Pest wütete, schrieb
der dortige Bischof Dionysios in einem Brief[26]:

*Da die meisten unserer Brüder in übermäßiger Liebe
und Freundlichkeit sich selbst nicht schonten und aneinander hingen, furchtlos sich der Kranken annahmen, sie
sorgfältig pflegten und ihnen in Christus dienten, star-
ben sie gleich diesen […] dahin, angesteckt vom Leide
anderer, die Krankheit der Mitmenschen sich zuziehend,
freiwillig ihre Schmerzen übernehmend. […] Auf solche
Weise schieden aus dem Leben die Tüchtigsten unserer Brüder: Presbyter, Diakone und Laien. […] Weil sie
die Leiber der Heiligen auf ihre Arme und ihren Schoß
nahmen, ihnen die Augen zudrückten und den Mund
schlossen, sie auf die Schulter luden und unter herzlichen
Umarmungen nach Waschung und Bekleidung bestatte-
ten, erfuhren sie kurz darauf dieselben Dienstleistungen,
wobei die Überlebenden stets an die Stelle derer traten,
die vorausgegangen waren.*

Ganz anders war es bei den Heiden. Sie stießen die, welche anfingen krank zu werden, von sich, flohen vor ihren Teuersten, warfen sie halbtot auf die Straße und ließen ihre Toten unbeerdigt wie Schmutz liegen.

Der heutige Christ pflegt angesichts eines solchen Textes zu sagen: So darf man nicht verallgemeinern. Das ist das Schwarz-Weiß der Legende. Es gibt stets Christen, die versagen, und es gibt stets auch bei Nichtchristen vorbildliches Verhalten. Selbstverständlich ist das richtig. Trotzdem wird man dem zitierten Text des Bischofs Dionysios nicht einfach Verfälschung von Fakten unterstellen dürfen. Und selbst wer dies tun würde, müsste doch zugeben: Zumindest sahen die Christen sich so und wollten so sein.

Nun habe ich mich bisher auf christliche Quellen gestützt. Deshalb möchte ich wenigstens noch *eine* heidnische Quelle zitieren – es ist nicht die einzige, die man zitieren könnte. Der römische Kaiser Julian, ein dezidierter Gegner des Christentums, schreibt um das Jahr 362 an Arsakios, den heidnischen Oberpriester von Galatien, Folgendes[27]:

Begreifen wir denn nicht, dass die Gottlosigkeit [= das Christentum] am meisten gefördert wurde durch die Menschenliebe [philanthropia] [der Christen] gegenüber den Fremden und durch die Fürsorge [der Christen] für die Bestattung der Toten? […] Die gottlosen Galiläer ernähren außer ihren eigenen Armen auch noch die unsrigen; die unsrigen aber ermangeln offenbar unserer Fürsorge.

Und in einem ähnlich programmatischen Brief an Theodoros, den Oberpriester der Provinz Asia, schreibt der Kaiser[28]:

Da es nämlich, so meine ich, dahin gekommen ist, dass die Armen von unseren Priestern unbeachtet blieben und vernachlässigt wurden, haben die gottlosen Galiläer, die das bemerkten, sich auf diese Praxis der Menschenliebe [philanthropia] verlegt.

Natürlich ist das eine Verdrehung der christlichen *agape*. Die Christen haben sich nicht auf sie „verlegt", um Heiden zu ködern, sondern weil die Tora und Jesus die *agape* einfordern als Antwort auf die Liebe Gottes.

Auch dieser Brief des Kaisers Julian zeigt: Was die Apologeten über die innere Solidarität der christlichen Gemeinden sagten, stimmte offenbar. Das soziale System der Kirche funktionierte sogar so gut, dass selbst Nichtchristen unterstützt werden konnten. Diese Solidarität muss auf Außenstehende einen tiefen Eindruck gemacht haben; sie war einer der Gründe für die schnelle Ausbreitung des Christentums.

Julian versuchte übrigens, das Unterstützungssystem der Gemeinden nachzuahmen, um den Christen diese Waffe zu entreißen. Sein Ziel war, eine Art hellenischer „Kirche" zu errichten, in der es nach dem Vorbild der christlichen Ecclesia Armenfürsorge und Gottesdienste mit Predigt gab.

Kaiser Julian fiel nach nur zweijähriger Regierungszeit im Kampf gegen die Perser. Sein Versuch wäre mit Sicherheit gescheitert. Die Stärke und Unnachahmlichkeit des kirchlichen Unterstützungswesens lag eben gerade darin, dass es nicht zentral und nicht von oben dekretiert wurde, sondern seinen Sitz in den einzelnen Ortskirchen hatte und dort aus der inneren Überzeugung und dem freien Konsens der Gemeinden ständig neu geboren wurde. Sein letzter Ursprung war die Bruderliebe und sein eigentlicher Ort die Eucharistiefeier der am Herrentag versammelten Gemeinden.

3. Die Naherwartung bei Jesus und in der Frühen Kirche

Ich wähle diese Stichprobe bewusst, weil fast niemand mehr mit „Naherwartung" etwas anfangen kann – Bischöfe und Pfarrer nicht ausgenommen. Das Thema „Naherwartung" ist tot. Dabei wäre es so notwendig, von ihm zu sprechen.

Jesus hat das Reich Gottes, er hat die Gottesherrschaft verkündet. Doch das wäre an sich nichts Neues gewesen. An die Herrschaft Gottes glaubten viele in Israel. Auch, dass diese Herrschaft sich bald offenbare, dass sie sich schon in naher Zukunft zeigen und durchsetzen werde, erhofften viele in Israel.

Das Besondere bei Jesus ist, dass er verkündet: Das Reich Gottes kommt nicht nur in naher Zukunft, nein, es kommt *jetzt.* In den Machttaten, sagt Jesus, die ich in der Kraft Gottes wirke, ist es schon da[29], und es verwandelt nun Zug um Zug und unaufhaltsam das Gottesvolk und über das Gottesvolk die Welt.

Man könnte dialektisch von einer verborgen-offenbaren Gegenwart des Reiches sprechen, die sich in immer größere Zusammenhänge hinein entwirft. Nur insofern kann das Reich noch „kommen" und es muss um sein „Kommen" gebetet werden. In seiner Fülle und Vollendung ist es noch nicht da. Aber es ist nahe. Es ist so nahe, dass die Hörer Jesu *jetzt* umkehren müssen. Es bleibt keine Zwischenzeit mehr, in der man die Umkehr noch verschieben könnte. Jetzt, heute müssen die Hörer und Hörerinnen Jesu sich entscheiden, das Reich glaubend annehmen und in seiner Kraft tätig werden. Und sie müssen sich nicht nur Gottes wegen entscheiden, sondern auch wegen der Not Israels und wegen des unermesslichen Leids der Welt.

Ich frage mich, ob Jesus innerhalb des eschatologischen Denkens seiner Umwelt, in dem er selbst tief verwurzelt war, dieses drängende „Jetzt" der Entscheidung überhaupt anders hätte sprachlich erfassen und ausdrücken können als durch Naherwartung. Sind denn wir selbst mit unserem Vorstellungshorizont von der endlos weiterlaufenden Zeit, in der es keinen wirklichen *kairos* mehr gibt, sondern nur noch *events* – sind denn wir der Wahrheit unserer Existenz und der Wahrheit menschlicher Geschichte wirklich näher als Jesus mit seiner eschatologischen Zuspitzung? Ich bezweifle das auf das Heftigste.

Selbstverständlich müssen wir die eschatologische Sprache Jesu übersetzen. Wenn das geschieht, zeigt sich: Nicht Jesus hat sich getäuscht, sondern wir selbst täuschen uns unablässig. Nicht nur über die Brüchigkeit und

Ausgesetztheit unseres Lebens, sondern auch über die Nähe Gottes.

Und nun wieder die Frage: Ist die Frühe Kirche auch in dieser Sache Erwartung Jesus nachgefolgt? Ist sie ihm auch hier treu geblieben? Diese Frage darf nicht in einer vordergründigen Weise gestellt werden. Das heißt: Wir dürfen nicht fragen: Hat die Urkirche und hat die Frühe Kirche das Schema der zeitlichen Naherwartung übernommen und beibehalten?

Wir müssen vielmehr fragen: Hat die Frühe Kirche das, was mit dem Schema zeitlicher Naherwartung im Kern gemeint war, verstanden, übernommen und gelebt? Hat sie die Gegenwart des Reiches begriffen? Hat sie begriffen: Es ist schon geschehen, die Befreiung und die Rettung sind schon da? Und hat sie die herandrängende Nähe des Reiches begriffen, die keine Zeit mehr lässt, die Umkehr vor sich her zu schieben?

Die Antwort kann nur lauten: Ja, sie hat die Gegenwart und die Nähe des Reiches Gottes begriffen. Sie hat zwar das Schema der *zeitlichen* Naherwartung noch einige Jahrzehnte lang benutzt. Paulus kann noch formulieren:

Die Stunde ist gekommen, dass wir aufstehen vom Schlaf. Denn jetzt ist uns das Heil näher als zu der Zeit, da wir gläubig wurden. Die Nacht ist vorgerückt, der Tag ist nahe. (Röm 13,11-12)

Die Kirche bleibt also noch eine Zeit lang im Schema *zeitlicher* Naherwartung. Doch während sie dieses Vorstellungsschema nachschleppend verwendet, baut sie es schon um. Sie redet immer weniger vom Reich Gottes bzw. von der Gottesherrschaft, und sie redet immer seltener von *zeitlicher* Naherwartung. Etwas anderes tritt an die Stelle dieser Begriffe und greift dabei das auf, was mit diesen Begriffen innerhalb des jüdischen Vorstellungshorizonts gemeint war.

Es ist die Geist-Theologie der Frühen Kirche, es ist die Aussage von der Gegenwart des Geistes. Der Heilige Geist ist die Eröffnung der Endzeit.[30] Der Heilige Geist ist das Angeld der Vollendung. Im Heiligen Geist wird die Welt neu geschaffen auf ihre Vollendung hin.[31] Im Heiligen Geist ist der Auferstandene bleibende Gegenwart und erfüllt die Kirche mit der Kraft seiner Auferstehung.[32] Die Geist-Theologie der Frühen Kirche ist also das Äquivalent und die genaue Fortführung der Reich-Gottes-Proklamation Jesu. Wenn wir beten: „Sende aus deinen Geist und alles wird neu geschaffen werden und du wirst das Angesicht der Erde erneuern" treten wir ein in die Reich-Gottes-Verkündigung Jesu.

Es muss aber noch etwas hinzukommen. So wie die Reich-Gottes-Proklamation Jesu von Zeichenhandlungen begleitet war – seine Machttaten waren ja Zeichen der anbrechenden Gottesherrschaft –, so setzt sich auch der Geistempfang der Kirche fort in handgreiflichen Zeichen: Ich meine natürlich die Sakramente. Die Sakramente sind *eschatologische* Zeichenhandlungen.

Beim Herrenmahl ist das evident. Es war gekennzeichnet von dem urkirchlichen Ruf „Komm, Herr Jesus"[33] – der sich heute fortsetzt in dem Ruf der Gemeinde: „Deinen

Tod, o Herr, verkünden wir und deine Auferstehung preisen wir, bis du kommst in Herrlichkeit."

Ähnliches gilt für die Taufe. Sie ist eschatologisches Zeichen, sie verbesiegelt auf das Ende hin – und doch verpflichtet gerade dieses Sakrament zu einem neuen Leben in der Welt. Wer in der Taufe mit Christus gestorben ist, wird hineingeboren in die neue Gesellschaft der Kirche.

Auch das Sakrament der Versöhnung ist ein eschatologisches Sakrament. Derjenige, der vor der Kirche seine Schuld bekennt, tritt damit hin vor das Endgericht Gottes. Durch den Spruch der Kirche wird der endzeitliche Richterspruch vorweggenommen – als Wort der Vergebung und der Versöhnung.

Die Sakramente enthalten eschatologischen Sprengstoff – und sie sind der Ort, an dem die Kirche die Gegenwarts-Eschatologie Jesu realisiert hat und bis heute realisiert. Oder leider nicht realisiert.

Sollte ich jetzt eine Serie von Texten zur frühchristlichen Geisterfahrung und zur Sakramententheologie der ersten drei Jahrhunderte anfügen? Dazu würde die Zeit nicht ausreichen. Ich schließe mit einem einzigen Text. Er stammt von dem großen Theologen Cyprian, und zwar aus seiner Schrift „Ad Donatum". Diese Schrift steht noch ganz unter dem Eindruck der Taufe, die Cyprian kurz zuvor empfangen hatte. Sie hat ihn verwandelt.

In einem Selbstbekenntnis, das die Confessiones des Augustinus vorwegnimmt, deutet Cyprian die Unsicherheiten seines früheren Lebens an: die Dunkelheiten, die Abwege, die sittlichen Verirrungen, die Verhärtungen, die fest eingewurzelten Sünden, die Verzweiflungen. Cyprian sagt, er habe das Ablegen des alten Menschen für unmöglich gehalten.

Nachdem aber mit Hilfe des lebenspendenden Wassers [der Taufe] der Schmutz der früheren Jahre abgewaschen war und sich in die nun entsühnte und reine Brust von oben her das Licht ergossen hatte, nachdem ich den himmlischen Geist eingesogen hatte und durch die zweite Geburt in einen neuen Menschen umgewandelt war, da wurde mir plötzlich auf wunderbare Weise das Zweifelhafte zur Gewissheit, das Verschlossene öffnete sich, die Finsternis hellte sich auf, ausführbar wurde, was vorher schwierig geschienen, und erfüllbar, was für unmöglich gegolten hatte. So konnte man erkennen, dass irdisch gewesen, was vorher im Fleische geboren war und im Dienste der Sünde stand, und dass Gottes Eigentum geworden war, was nunmehr der Heilige Geist belebte.[34]

Cyprian beschreibt seine Taufe durchaus mit Worten der Schrift. Aber die alles umstürzende eigene Erfahrung trägt und durchdringt den Text. Ähnlich muss es zahllosen Christen ergangen ein. Anders wäre der Mut der Vielen, die Verfolgung und Martyrium durch die kaiserlichen Behörden auf sich nahmen, nicht zu erklären. Auch Cyprian starb als Märtyrer. In der Valerianischen Verfolgung wurde er am 14. September 248 nahe bei Karthago enthauptet.

Im Geistempfang der Taufe erfuhren die Christen der Frühen Kirche die Kraft der Gottesherrschaft. Sie wussten, dass mit der Taufe für sie ein neues Leben begonnen hatte. Sie lebten fortan im „Heute" des Reiches Gottes.

Anmerkungen

[1] Alfred Loisy, L'Évangile et l'Église, Bellevue [2]1903, 155.

[2] Senfkorn: Mk 4,30-32; Sauerteig: Mt 13,33; gefährdete Saat: Mk 4,1-9; im Stillen wachsende Saat: Mk 4,26-29.

[3] Vgl. Gerhard Lohfink, Das Vaterunser neu ausgelegt, Stuttgart (Verlag Katholisches Bibelwerk) 2012, 51-59.

[4] Vgl. vor allem Ez 20,22.41.44; 36,22-28.

[5] Zu der jesuanischen Korrelation Reichgottesverkündigung / Sammlung des Gottesvolkes vgl. ausführlich Gerhard Lohfink, Jesus von Nazaret. Was er wollte, wer er war, Freiburg i. Br. [4]2014, 66-91.

[6] Eine knappe und äußerst präzise Skizze der ganzen Frage bei Christian W. Troll, Koran, Gewalt, Theologie: Christ in der Gegenwart 2014, Nr. 43, 485-486.

[7] Ausführlicher: Gerhard Lohfink / Ludwig Weimer, Maria – nicht ohne Israel. Eine neue Sicht der Lehre von der Unbefleckten Empfängnis, Freiburg i. Br. (Herder) [2]2012, 223-229.

[8] Dazu im Einzelnen: Gerhard Lohfink, Wem gilt die Bergpredigt? Beiträge zu einer christlichen Ethik, Freiburg i. Br. (Herder) 1988, 42-45.

[9] Vgl. zu diesem Thema jetzt die grundlegende Monographie von Michael P. Maier, Völkerwallfahrt im Jesajabuch (BZAW 474), Berlin (De Gruyter) 2015.

[10] Zum Folgenden ausführlicher: Gerhard Lohfink, Wem gilt die Bergpredigt (s. Anm. 8) 161-192.

[11] Vgl. dazu mit vielen Quellenbelegen: Gerhard Lohfink, Wie hat Jesus Gemeinde gewollt? Kirche im Kontrast (aktualisierte Neuausgabe), Stuttgart (Verlag Katholisches Bibelwerk) 2015, Teil IV.

[12] So zum Beispiel Tacitus, Annalen XV 44, 2-5.

[13] Athenagoras, Presbeia 11; Übersetzung: A. Eberhard.

[14] Eine Auswahl wichtiger Literatur zu diesem Thema: Adolf von Harnack, Militia Christi. Die christliche Religion und der Soldatenstand in den ersten drei Jahrhunderten, Darmstadt 1963 (Wissenschaftliche Buchgesellschaft). Nachdruck der Ausgabe Tübingen (Mohr) 1905; Hans von Campenhausen, Der Kriegsdienst der Christen in der Kirche des Altertums: Universitas 12 (1957) 1147–1156; Heinrich Karpp, Die Stellung der Alten Kirche zu Kriegsdienst und Krieg: Evangelische Theologie 17 (1957) 496-515. Vor allem aber: Hanns Christof Brennecke, ,An fidelis ad militiam converti possit?' [Tertullian, de idolatria 19,1] Frühchristliches Bekenntnis und Militärdienst im Widerspruch?, in: Dietmar Wyrwa (Hrsg.), Die Weltlichkeit des Glaubens in der Alten Kirche (FS Ulrich Wickert) (BZNW 85), Berlin / New York (De Gruyter) 1997, 45-100.

[15] Vgl. nur Tertullian, De corona 1 *(solus fortis inter tot fratres commilitones)*; 42-43; Apologeticum 5,6; 37,4; 42,3; Eusebius, Kirchengeschichte VI 41, 22-23; VII 11,20; VII 15-16; VIII 1,7.

[16] Hans von Campenhausen, Kriegsdienst (s. Anm. 14) 1148: „Kein einziger Kirchenvater hat daran gezweifelt, dass in der Welt, so wie sie ist, Kriege geführt werden müssen, und sie finden demgemäß auch keine Veranlassung, den Soldatenstand besonders zu verurteilen."

[17] Wichtig ist neben Origenes vor allem Tertullian, De corona und De idololatria 19; vgl. auch Laktanz, Institutiones divinae VI 20, 15-17. Die Diskussion, ob man als Christ Soldat sein darf, beginnt also erst im 3. Jahrhundert.

[18] Vgl. Origenes, Contra Celsum VIII 68.73.75.

[19] Hingegen übergehen die Canones von Elvira die Frage des Militärdienstes von Christen völlig, obwohl sie sich ausführlich mit Fragen des christlichen Lebens inmitten der heidnischen Gesellschaft befassen. Siehe Hanns Christof Brennecke, Frühchristliches Bekenntnis (s. Anm. 14) 93.

[20] Traditio Apostolica des Hippolyt, Kanon 16. Für den lateinischen Originaltext s. Bernard Botte, La Tradition Apostolique de Saint

Hippolyte. Essai de Reconstitution (Liturgiewissenschaftliche Quellen und Forschungen 39), Münster (Aschendorff) [3]1966, 36.

[21] Im Imperium Romanum waren Zivilgewalt und Militärgewalt nicht getrennt. *Militia* kann beides bedeuten. *Miles* meint normalerweise den Soldaten, kann aber auch einen kaiserlichen Beamten bezeichnen, der Waffen trägt.

[22] Vgl. 1 Thess 5,15; Gal 6,9-10; ferner 1 Petr 2,17.

[23] Justin, 1. Apologie 67; Übersetzung: Gerhard Rauschen.

[24] Eusebius, Kirchengeschichte IV 23,10; Übersetzung: Philipp Haeuser / Hans Armin Gärtner.

[25] Es handelt sich um Christen, die zur Schwerstarbeit in die Bergwerke, zum Beispiel in die Eisenbergwerke Sardiniens, deportiert worden waren. Siehe dazu Adalbert Hamman, Die ersten Christen, Stuttgart (Reclam) 1985, 155-156.

[26] Eusebius, Kirchengeschichte VII 22, 7-10; Übersetzung: Philipp Haeuser / Hans Armin Gärtner.

[27] Julian, ep. 39 Weis; 49 Hertlein; 22 Wright; 84 a Bidez-Cumont. Für den, der die Briefe des Kaisers Julian lesen will, empfiehlt sich die schöne Ausgabe von Bertold K. Weis, Julian. Briefe. Griechisch und Deutsch, München (Heimeran) 1973.

[28] Julian, ep. 48, 305 C; Übersetzung: Bertold K. Weis.

[29] Vgl. vor allem Lk 11,20; 17,21.

[30] Vgl. Apg 2,14-21.

[31] Vgl. Mt 12,28; Röm 8,18-30; 2 Kor 1,22; 5,5; Hebr 6,4-5.

[32] Vgl. Röm 8,9-11.

[33] Vgl. 1 Kor 16,22; Offb 22,20; Didache 10,6.

[34] Ad Donatum 4; Übersetzung: Julius Baer.

Gotthard Fuchs

Segnen und Vergeben

Woran Christen zu erkennen sind

Dieser Beitrag soll mit einem Gedenken an Alfred Delp beginnen, der vor 70 Jahren vor dem Volksgerichtshof in Berlin stand, verurteilt wurde und zwei Tage später zusammen mit anderen evangelischen Christen von dem damaligen verbrecherischen Regime zum Tode verurteilt wurde. Er sagte: Solange der Mensch nicht beten und denken kann, wird er den Verhältnissen erliegen. Die Verhältnisse müssen geändert werden.

Es geht um Beten und Denken, das von Alfred Delp, also von einer der Widerstandsgestalten des Dritten Reichs, hervorgehoben wurde.

Nach seiner Verurteilung hat Delp die berühmten Gründungstexte für die konziliare Kirche geschrieben, ausgehend von einer Auslegung des Vaterunsers mit dem Kernsatz: Brot ist wichtig, Freiheit ist wichtiger, am wichtigsten aber ist die unverratene Treue und Anbetung.

Delp war es wohl auch, der als erster katholischer Theologe die Verbürgerlichung der Kirche scharf kritisiert hat. In seinem geistlichen Testament der Auslegung des Pfingsthymnus schrieb er, dass da ein Menschentyp auch in der Kirche entstanden ist, vor dem selbst der Geist Gottes ratlos dasteht und keinen Zugang findet.

Dies sollte auch als Faktum unserer Gegenwart betrachtet werden. Es erinnert sozusagen schlaglichtartig daran, wie sehr wir uns mit unserem Bemühen, über Christsein bzw. Christwerden heute nachzudenken, in einer großen Geschichte von Zeuginnen und Zeugen stehen – und damit nicht bei null anfangen müssen.

Das wichtigste Gebot

Einleitend will ich mich mit einer Art Fragespiel auf die Bibel beziehen, das manche Engagierten und Hauptamtliche wegen seiner scheinbaren Selbstverständlichkeit doch immer wieder irritiert: Wie heißt das Hauptgebot der Bibel? – Als Antwort kommt als erstes immer die Nächstenliebe; dann meistens etwas zögernder die Selbstliebe in einer gewissen Verfälschung und schließlich auch die Gottesliebe. Und dann muss ich hinzufügen: Das ist alles wahr. Aber das Entscheidende fehlt. – Dann schauen die Leute meistens überrascht. Denn es fehlt das „Höre, Israel! Dein Gott ist einzig. Deshalb wirst du ihn lieben wollen können und deinen Nächsten, denn er ist wie du."

Das biblische Hauptgebot hängt – wie die Tür in der Angel – im kategorischen Indikativ der Selbstzusage, der Selbstvorstellung Gottes, der uns geliebt hat, als wir noch seine Feinde waren.

Aber was ist passiert? Was ist passiert, dass selbst in Hauptamtlichen-Kreisen dieses Hauptgebot der Bibel in seinem indikativen Charakter weitgehend unbekannt geworden bzw. geblieben ist? Was ist passiert, dass im alten und zum Teil sogar im neuen Gotteslob das Hauptgebot der Bibel um diesen so genannten Vorspann verkürzt abgedruckt wird? Was ist passiert, dass aus den

Geboten Gottes, seinen Weisungen zum wahren Leben, seinen Bitten, ihm zu entsprechen und seinem Werben zu folgen, ein Gebot im Sinne eines bürgerlichen Gesetzes geworden ist? Und das mit dem vielen caritativen und pastoralen Stress und der scheinbaren Lust auf schlechtes Gewissen, die in unseren Kreisen mitverbreitet wird, weil wir dem ja nie nachkommen können, solange wir nicht den Indikativ vor dem Imperativ wahrnehmen?

Das ist ja die eigentliche Frohe Botschaft: dass die Gebote eben nicht mit einem Gebot in diesem gesetzlichen Sinne beginnen. Gerade nicht! So dass Simone Weil einmal in einem Aphorismus sehr schön sagen konnte: Gottes Gebote haben die Gestalt von Bitten. Gottes Gebote haben die Gestalt von (natürlich auch verpflichtenden) Verheißungen! Und das ist wichtig.

Was würde der Welt fehlen, wenn ihr dieses Evangelium fehlte?
Was würde mir fehlen? Das scheint mir heute die zentrale geistliche und pastorale Frage zu sein. Die Zeichen der Zeit lassen sich auch deuten, dass wir heute ganz neu, vielleicht in dieser Weise zum ersten Mal in der Christentumsgeschichte, herausgefordert sind, selbst zu entdecken, was das Evangelium ist. Papst Franziskus wird ja nicht müde, genau das einzuschärfen, wenn er z.B. sagt: Die Kirche kann nur evangelisieren, wenn sie sich evangelisieren lässt. Sie kann für andere das Evangelium nur bezeugen, wenn sie es selbst neu hört.

In diesem Zusammenhang ist an das Vermächtnis des seligen Angelo Roncalli zu erinnern, der – schon todkrank auf dem Sterbebett – seinen Glauben erneuert und sagt: Nicht das Evangelium ist es, sondern wir sind es, die gerade anfangen, es neu zu verstehen.

Was ist das Evangelium? Was ist die Mitte des Glaubens? Wie funktioniert die Hierarchie der Wahrheiten?

Das ist natürlich ein umfassendes Thema, das diese ganze Tagung prägt und ein ganzes Leben braucht. Aber mir kommt es darauf an – wie Josef Ratzinger bereits formulierte –, die Abenteuer-Struktur und das Glück des Glaubens bzw. wie Papst Franziskus nicht müde wird zu betonen: die Schönheit des Glaubens neu in den Mittelpunkt zu bekommen. Und zwar nicht gleich ad extra für andere, sondern zur Selbst-Verständigung für uns selber.

Was man dann im engeren Sinne Spiritualität oder Mystik nennt, dreht sich immer um diesen Glutkern des Evangeliums.

Abbé Pierre, der Lumpensammler-Pater, wurde kurz vor seinem Tod in einem bewegenden Interview von jungen Leuten gefragt: Sag doch mal, was ist der Sinn des Lebens? Wozu sind wir auf Erden? Was ist es denn, was das Menschwerden im Lichte des Christlichen ausmacht? Darauf antwortete der 97-jährige Abbé Pierre ganz schlicht und umwerfend einfach: Lieben zu lernen.

Unterstreichen möchte ich diesen Gedanken mit den Worten des Priester-Lyrikers David Maria Turoldo, der in einem seiner letzten Gedichte formuliert, dass er im Rückblick zu bedauern habe, dass er sich in seinem Leben zu wenig und gar nicht habe lieben lassen. – Lieben lassen.

Dass wir zu wenig lieben, dass Liebe etwas ist, das mit Tun, mit Realisieren, mit Konkret-Werden zu tun hat, das wird uns natürlich weiter beschäftigen. Aber die Pointe des Ganzen ist: sich lieben zu lassen!

Das ist ja nicht nur für die Genese der Menschwerdung wichtig, sondern auch für die Christwerdung das A und O. Das eigentliche Wunder des Glaubens ist, sich vor allem, was wir tun oder nicht tun, vor jeder Leistung oder Fehlleistung, vor allen Taten und Untaten, vorgängig dazu und unabhängig davon: uns geliebt glauben dürfen von dem, der uns zuvor geliebt hat und liebt; und weil wir deshalb umkehren können, weil das Reich Gottes schon da ist. – Auch hier ist der Imperativ Mk 1,15 natürlich möglich durch den Indikativ des Glaubens, durch geschenkte Erfahrung, Überzeugung und Gewissheit, unbedingt begrüßt, erwünscht, geliebt zu sein.

Lassen wir uns genügend lieben! Lassen wir uns genügend ein auf das Geheimnis, das wir Gott nennen, im Unterschied zu allen anderen Göttern dieser Welt, auf den Gott des Evangeliums des Alten und Neuen Testamentes.

Das ist die entscheidende Antwort im Blick auf die Situation der Welt und der Mitmenschen von heute und auf die Frage: Was würde uns fehlen, was ist uns womöglich schon abhandengekommen dadurch, dass uns das Evangelium abhandengekommen ist? Und wie können wir neu, sozusagen ursprünglich, die Nicht-Selbstverständlichkeit, die Unwahrscheinlichkeit, die Unglaubhaftigkeit des Evangeliums neu in den Blick nehmen? Teilhard de Chardin formulierte vor 100 Jahren zu Beginn seines schweren Kirchenkonfliktes: Ich glaube, die Kirche ist noch ein Kind. Was wir bisher Christentum nennen, ist ein Aperitif. Wir sind dabei, dies neu zu entdecken und zu gestalten, d. h. uns selbst bekehren zu lassen, uns selbst evangelisieren zu lassen.

Doch gilt es nochmals zu betonen: Der kategorische Indikativ, die Einladung des lebendigen Gottes in Jesus Christus im Energiefeld seines Geistes, sich von ihm so lieben zu lassen, dass wir in seinem Sinne, im Sinne Jesu Christi, liebes-fähig und liebens-willig erst werden: Das ist die Herausforderung, die wir der Welt schuldig sind, in der es so oft gnadenlos und lieblos auf allen Ebenen zugeht.

Wenn ich das nun ausschnittweise im Blick auf zwei Zentralvollzüge des Glaubens, nämlich, Segnen und Vergeben, ein wenig beleuchten will, dann ist das natürlich eine Konzentration auf zwei ausgewählte Grundvollzüge bzw. Grundhandlungen des Glaubens. Man könnte auch viele andere nehmen. Doch gibt es gerade für Segnen und Vergeben viele Gründe.

Dazu ein Beipiel – und ich werde den Augenblick nie vergessen, an dem mir dieses Thema klar geworden ist:

Ich war zweimal zu Gesprächen in Ghom (Qom), also quasi im schiitischen Vatikan, mit einer kleinen Gruppe im Gespräch mit hohen schiitischen Würdenträgern. Der eine Ajatollah begrüßte uns sehr liebenswürdig, sehr wissend, sehr warmherzig als Christen, sang ein Loblied auf

Jesus von Nazaret und die Bedeutung des Christseins, sodass manche von uns schon dachten, wir sind im falschen Film. Dann sagte einer von uns: Das ehrt uns sehr, das freut uns sehr. Für uns aber ist an Jesus sehr wichtig, dass er auch angesichts der Gewalt ohne Gegengewalt in das Auge des Orkans der Gewalttätigkeit hineingegangen ist (also: Stichwort Kreuz). Darauf aber sagte dieser hochrangige Ajatollah: Das weiß ich, aber das glauben wir nicht, denn Allah lässt seine Propheten nicht hängen. – Es ist mir noch nie so klar geworden wie in dieser Situation, wie dankbar wir sein können für das Geschenk des Evangeliums! Natürlich sagen auch wir Christen: Gott lässt seine Propheten nicht hängen (Stichwort Ostern). Aber wir betonen, dass dieses Geheimnis der Verwandlung von Gewalttätigkeit nur gelingen kann durch das Opfer, durch eine Hingabe, die den Teufelskreis von Gewalt und Gegengewalt durchbricht. Während Muslime nach den Vorstellungen des Koran meinen, ein anderer armer Schlucker sei für Jesus ans Kreuz gegangen, stellvertretend, bestehen wir eben darauf, dass die Gewaltgeschichten, die unsere Geschichte ausmachen, bis ins Herz Gottes hinein, bis in die Geschichte seines Sohnes ihn selbst berühren, und gerade darin den Weg zum wahren Leben öffnen, der ein Weg des Gewaltverzichts ist – mit allen Konsequenzen.

Ich habe bis zu diesem Erlebnis nie in meinem Leben so intensiv und so dankbar geahnt, was das Evangelium für ein Geschenk ist, wie wenig selbstverständlich es ist, und wie sehr wir begnadet sind, den Geschenkcharakter, ja das absolut Unwahrscheinliche dieser Geschichte selbst neu zu entdecken, zu würdigen und bekehrend anderen weiterzusagen. Das wird eben auch konkret im Realvollzug der Vergebung und des Segens.

Segnen

Man kann sagen, Segnen ist ein gutheißendes, wohlwollendes Verhalten (griechisch: eulogia, lateinisch: benedicere, hebräisch: beraha, was jiddisch verballhornt zu einem Hals- und Beinbruch wird, der natürlich nichts mit einem Bruch zu tun hat, sondern mit einer Segnung der Knochen und des Leibes). Segnen meint eine Haltung des Gutheißens, eine Haltung der Vermittlung heilschaffender Kraft, eine Gemeinschaft stiftende Kraft.

Eine der Urszenen dafür ist etwa ein Gruß, eine Begrüßung, eine Verabschiedung (das Grüß Gott usf.) Segnen bedeutet ein mittschöpferisches Erkennen und Bekennen des Guten. Hingegen bezeichnet ein biblisches Fluchen ein abwehrendes Erkennen und Benennen des Bösen. Biblisch gesehen gehören Segen und Fluch eng und notwendig zusammen, wie das im Taufritus mit dem Bejahen und dem Widersagen deutlich wird. Denn wir leben in einer Welt, in der das Böse mächtig ist. Segen ist in der Verfassung der Welt als Welt schon eingestiftet (siehe die biblischen Schöpfungsberichte), insofern dies Ausdruck der göttlichen Beziehungslust und Lebensfülle selbst ist. Gedeihen und Überfluss sind in Menge da. Die Welt könnte immer noch ein Paradies sein, wenn sie nicht ständig in die Angst und Suchtstruktur des faktischen Menschen jenseits von Eden hineingestellt wäre.

Segnen geschieht als selbstwirksame, performative, nicht nur informative, Sprachhandlung durch Kontaktgesten, durch Berührungen. Die ganze Sinnlichkeit der Vermittlung des Segens wird sichtbar in einzelnen Gesten und in indikativischen, zusagenden Segensformen. Fulbert Steffensky hat das so formuliert: Der Segen ist der Ort höchster Passivität. Er ist der Ort, an dem wir werden, weil wir angesehen werden.

Ein Vers der chinesischen Dichterin Gabriela Mistral heißt: Wenn du mich anblickst, werde ich schön. – Die Schönheit, die Kraft, die Lebensstärke und die Ganzheit garantieren wir uns nicht selbst. Wir haben sie im Blick, der auf uns ruht. Wir werden ansehnlich dadurch, dass wir uns ansehen lassen. Wir gewinnen Ansehen dadurch, dass wir uns ansehen lassen.

Israel versteht diese Urszene der Menschwerdung auch als Grundform des Segens: Lass dein Angesicht leuchten über mir – wie über den Säugling Vater und Mutter lächelnd ihr Angesicht leuchten lassen. Die Urszene der Menschwerdung ist bis zum Grab immer wieder neu: Diese Urszene des Angesehen-Werdens ist der Ort des Segens.

Zum Segen gehört der Verzicht auf uns selbst. Wir brauchen Segensformen und Segensgesten, weil wir uns ansehen lassen. Wir können uns nicht selber segnen. Wir können uns nur segnen lassen. Wir können den Segen erbitten und erwünschen. Aber wenn er uns zukommt, hat er immer Geschenkcharakter. Er ist nicht erzwingbar, sondern unterliegt oder folgt dem Gesetz der Liebe.

Noch einmal Fulbert Steffensky: Im Segen sehen zwei Menschen von sich selber ab, der Segnende und der Gesegnete. Der Gesegnete erlaubt sich den Sturz in das Versprechen der Geste und des Wortes. Er fragt nicht nach seinen eigenen Voraussetzungen, er lässt sich segnen. Der Segen ist die dichteste und dramatischste Stelle des Glaubens. Dort wird nämlich inszeniert, was Gnade ist: nicht erringen zu müssen, wovon man wirklich lebt; sich nicht bannen zu lassen durch Zweifel und durch die Zersplitterung des eigenen Lebens. Der Gesegnete muss nicht nur er selber sein, er stürzt in den Abgrund des Schoßes Gottes.

Deshalb ist Segnen weit über den liturgischen Charakter hinaus ein alltagstauglicher Grundvollzug. Manche von uns haben z.B. noch erlebt, wie die Mutter das Brot segnete oder ein Kind segnete, das das Haus verließ usf. Segnen ist eine von Grund auf stützende, wohlwollende Grundhaltung aus der Überzeugung, dass der lebendige Gott die Fülle dieses Segens ist. Glauben heißt dann nichts anderes, als aus diesem Segen Gottes, dessen wir ständig bedürfen, so zu leben, dass wir uns segnen lassen und segnen können, selbst dort, wo wir auf Ablehnung stoßen.

Dietrich Bonhoeffer hat das genial formuliert in seinen Gefängnisbriefen. In einer Antwort auf seinen Freund Eberhard Bethge spricht er über die Dimensionen des Alten Testamtes. Dort komme der Begriff Glück, meinte Bethge, nicht vor. Dazu schreibt Bonhoeffer: Der theologische Zwischenbegriff im Alten Testament zwischen Gott und dem Glück des Menschen ist, soweit ich es sehe, der des Segens. Alles gerät unter das Wohlwollen Gottes, alles kann ins Gebet genommen werden, alles wird von seinem Segen durchflutet... Der Unterschied zwischen dem Alten und dem Neuen Testament, bei tiefster Gemeinsamkeit, liegt wohl in dieser Hinsicht nur darin, dass im Alten Testament der Segen auch das Kreuz, im Neuen Testament das Kreuz auch den Segen in sich schließt.

Segnen in seiner höchsten Form wird dort verwirklicht, wo wir auf Ablehnung stoßen, wo Leiden und Unterdrückung sich breit machen, wo die Verfolger gesegnet werden. Nicht verurteilen, schreibt Bonhoeffer, nicht schelten, sondern segnen. Die Welt hätte keine Hoffnung, wenn dies nicht wäre. Vom Segen Gottes und der Gerechten lebt die Welt und hat sie eine Zukunft. Segnen bedeutet, die Hand auf etwas, auf jemanden legen und sagen: Du gehörst trotz allem zu Gott.

Mit dieser Geste, mit dem Blick des vorauseilenden Wohlwollens, der unbeirrbaren Bejahung ist eine Grundperspektive des Christlichen angesprochen. Und das ist nicht selbstverständlich, das impliziert immer wieder eine Weggeschichte.

Vergeben

Die zweite Grunddimension, die ich hier paradigmatisch anspreche, ist Vergeben.

Das meint ein im Grunde paradoxes Geschehen. Vergebung ist nicht bloß im Sinne von Entschuldigung, Pardon oder Nachsicht zu verstehen, sondern insofern, dass ich mir nur vergeben lassen kann.

Es ist kein Zufall, dass es vor allem jüdische Denker sind, die über das Phänomen der Vergebung nachdenken, natürlich angesichts von Auschwitz und der Shoah und aller Schrecken, die damit verbunden sind. Der Philosoph Jaques Derrida schreibt: Wenn ich nur vergebe, was sich vergeben lässt, vergebe ich nicht. Wenn ich nur vergebe, was lässlich ist, d.h. entschuldbar, verzeihlich, ein geringer Verstoß, eine begrenzte und messbare Schuld in einer begrenzten Angelegenheit, dann vergebe ich eigentlich noch nicht. Ich kann also, wenn ich vergebe, nur da vergeben, wo es Unverzeihliches gibt. Da, wo Vergebung unmöglich ist.

Wir gehen also vom Härtefall aus, wenn in Gegenabhängigkeit eine Verletzung, eine Demütigung, und sodann Rachegelüste, die Neigung zu Gegengewalt so massiv sind, wo also Vergebung menschlich nicht möglich ist.

Das zweite Paradoxe am Vergebungsgeschehen: Es ist immer der Andere, der vergeben muss. Ich kann nicht im Namen des Anderen vergeben. Zur Vergebung gehört die Bitte, und zur Bitte gehört die Möglichkeit, dass sie abgeschlagen wird. Deshalb gehört zur Bitte ja immer auch die Angst, dass sie nicht akzeptiert, dass sie abgeschlagen wird und ich damit alleine bleibe.

Aber was muss passieren, bis ein Mensch um Vergebung bitten kann? Was muss passieren, dass Deutsche und Österreicher und viele andere angesichts der Opfer der Nazi-Zeit um Vergebung bitten? Viele Juden sagen, dass dies bis heute nicht wirklich getan wird. Was geschieht angesichts der Gewalt und Teufelskreise der Gewalt in der Gegenwart? Das Wunder, schreibt Derrida, das Wunder der Vergebung ist dort, wo das Unmögliche doch möglich wird.

Denken wir an das Markus-Evangelium, wenn sich die Menschen über Jesus empören, weil er Sünden vergibt, und sie sagen: Das kann doch nur Gott. Vergeben ist letztlich ein Gottes-Prädikat.

Ähnlich schreibt Hannah Arendt: Können wir einander nicht vergeben, d.h. uns gegenseitig von den Folgen unserer Taten wieder entbinden, so beschränkte sich unsere Fähigkeit zu handeln gewissermaßen auf eine einzige Tat, deren Folge uns bis an unser Lebensende im wahrsten Sinne verfolgen würde, im Guten wie im Bösen. Gerade im Handeln wären wir dann Opfer unserer selbst. – Auch sie verwendet die Kategorie des Wunders, des Unmöglichen, und sagt: Jede wirkliche Vergebung ist ein Akt der Neuschöpfung, ist das Wunder eines Neuanfangs, ist ein Entbindungsgeschehen. Du bist mehr als deine Taten und Untaten.

Was das konkret heißen kann, hat Dag Hammarskjöld meditiert. Er sagt, als er zunehmend als UNO-Generalsekretär zwischen den Großmächten USA und Sowjetunion zerrieben wird im Dienst um die kleinen Völker und einer Weltinnenpolitik für die Armen und Unterdrückten, und als er möglicherweise geahnt hat, dass er selbst zum Opfer werden würde, und wie er sehenden Auges in diesen Orkan der Gewalt hineingegangen ist, nicht zufällig in der Nachfolge Jesu: Die Vergebung zerbricht die Ursachenkette dadurch, dass der, der aus

Liebe vergibt, die Verantwortung auf sich nimmt für die Folgen dessen, was du tatest. Sie bedeutet daher immer Opfer. Der Preis für deine eigene Befreiung durch eines anderen Opfer ist, dass du selber fähig bist, auf die gleiche Weise zu befreien, ungeachtet des Einsatzes. Die Vaterunser-Bitte, die das Diktum von der unseligen Rache umdeutet und bedeutet, dass wir immer vergeben sollen, weil wir aus der Vergebung Gottes leben, klingt hier natürlich mit. Aber dass Vergebung etwas zu tun hat mit Kreuz und Opfer, beschreibt Hammarskjöld sehr genau, d.h. dass es eine Selbstzurücknahme impliziert zugunsten der Akzeptanz des Anderen und den Folgen dessen, was du tatest.

Segnen und Vergeben: Verheißungen

Beide Male werden gängige Erwartungen unterbrochen und durchbrochen. Beide sind performative Sprechhandlungen, weder selbstverständlich, noch einklagbar, beide werden kontra zum faktisch Bestehenden und der Ambivalenz des Bestehenden abgerungen.

Segnen und Vergeben haben immer Geschenk- und Wundercharakter. Die Rehabilitierung der Kategorie des Wunders, die Befreiung aus einer naturwissenschaftlich-empiristischen Fixierung der Wunderdiskussion auf das, was naturgesetzlich möglich ist oder nicht, scheint mir sehr wichtig. Es geht um die Wundertaten Gottes im alltäglichen Geschehen, damit wir uns eben nicht festnageln und fertigmachen im doppelten Sinn des Wortes; wo wir uns nicht abschreiben, sondern wo wir uns segnend und vergebend Tore der Zukunft öffnen lassen und in das Offene der göttlichen Verheißungen eintreten.

Deshalb ist die Verheißungs-Struktur so wichtig. Dietrich Bonhoeffer bemerkt: Heute wird viel vom Sinn des Lebens geredet. Respekt, aber die Bibel spricht nicht von Sinn – sie spricht von Verheißung. Der Unterschied zwischen Sinn und Verheißung: Beim Sinn hat der Mensch immer noch das letzte Wort, gerade der aufgeklärte. Wir wollen letztlich dann doch selbst entscheiden, was Sinnvoll ist und stimmt. Verheißung ist etwas ganz anderes.

Und ähnlich ist es mit einem anderen Grundwort, das heute aus theologischer Sicht die spirituelle Szene einseitig und verführerisch beherrscht, nämlich das Stichwort Sehnsucht. Natürlich ist es in dem Doppelalphabet zwischen Mangel und Erfüllungsbedarf ein zentrales Verhalten des Menschen. Aber das zentrale biblische Wort heißt niemals Sehnsucht, sondern Hoffnung.

Und Hoffnung ist etwas anderes. Hoffnung hat einen Grund. Hoffnung basiert auf einer Verheißung, der ich traue. Aber was ist los, dass wir so viel von Sehnsucht reden, auch in christlichen Kreisen, und so wenig von Hoffnung? Das wäre zu bedenken.

Segnen und Vergeben setzt das zuvorkommende Wirken Gottes voraus und vermittelt es responsorisch, antwortend, dankend als ständige Vorgabe, der es zu entsprechen gilt. Segnen und Vergeben sind Akte von Gottes Schöpfungsbewahrung und der beständigen Würdigung des Menschen auch gerade als Sünder. Und die vielleicht größte Kraft menschlicher Freiheit ist die, dass er bitten kann: nicht unterwürfig, aber auch nicht übermütig und hochnäsig, sondern aus Freiheit sich bedürftig zeigend und damit als segnungsbedürftig, vergebungsbedürftig.

Wir bitten vielleicht viel zu wenig und wir danken zu wenig, denn alle Bitten gehören auch schon in den Grundvollzug des Dankens, wie Paulus immer wieder unterstreicht. Papst Franziskus betont in diesem Zusammenhang: Gott wird niemals müde zu verzeihen. Wir sind es, die müde werden, um sein Erbarmen zu bitten.

Diese Gemeinschaftsbewegung, diese fortwährende Schöpfungs- und Inkarnationsbewegung, die auf Vollendung zielt, ist wachsend ein wechselseitiges Verantwortungsgeschehen. Gott selbst ist es, der uns an seinen Gaben Anteil gibt, auf dass wir darauf reagieren durch Empfangen und Weiterverschenken. Das ist der Sinn von Kirche und von Christsein: ein Resonanz- und Bewährungsraum zu sein, in dem diese Segens- und Vergebungsgeschichte Gottes geschieht.

Segnen und Vergeben sind Glaubensvollzüge in einer Welt, in der es die Macht des Bösen, die Macht des Gleichgültigen, die Macht des Indifferenten gibt. Deshalb sind Segnen und Vergeben immer (!) kontrafaktische, also gegen das Bestehen gerichtete, das Bestehende aufreißende, in Bewegung bringende, dynamisierende Geschehen. Woran man Christen erkennt ist, dass sie in diesem Sinn Menschen der Hoffnung sind, und diese Hoffnung eben nicht als billige Gnade verstehen, sondern im Angesicht der Gewaltdynamik in uns und um uns.

Folgerungen

Im Streit um den lebendigen Gott unter den vielen Göttern wird im Segnen und Vergeben offenbar, wer der lebendige Gott ist. Segnen und Vergeben sind, bevor sie womöglich ethische Postulate und ethisch gewichtige Handlungen sind: Gottesprädikate. Gott selbst ist der Segen. Gott selbst ist Vergebung. Und nichts sonst: wie wir in Jesus Christus und seinem Geist erkennen können.

In der heutigen Theologie wird sehr viel über das Phänomen der Gabe nachgedacht. Geben, Schenken ist gratis, ein Akt der Freiheit, wenn es recht geschieht; es geht ins Offene hinein, fordert keine Gegengeschenke. In christlicher Perspektive ist das Geheimnis des Evangeliums: Er ist der Geber, die Gabe und das Geben. (Das wäre auch eine Alltags-taugliche Kurzformel für das Geheimnis des Dreifaltigen Gottes.) Er gibt etwas; er gibt sich; er teilt sich mit als das, was er ist: zuvorkommende Gnade und Liebe.

In diesem Sinne hat er auch Segnen und Vergeben gedacht. Es ist die Gabe, die er selber ist und das ist das Geheimnis des Gebens. Christen sind Menschen, die groß sind im Nehmen. Christen sind Menschen, die sich das geben lassen. Nirgends wird das vielleicht deutlicher als im Geheimnis der Eucharistie, wo es eben bekanntlich heißt: Nehmt und esst! Nicht: schaut, sondern nehmt!

Wir können nur geben, was wir nehmen, sonst entsteht wieder dieser pastorale Stress, in dem man pausenlos den Nächsten lieben wollen muss und selbst nicht glauben kann, dass man wirklich schon geliebt ist.

Im Blick auf den Menschen, wie er im Lichte dieser Gottesbegegnung erscheint, nämlich als das Wesen, das ein letztes Wort sucht, aber dieses Wort nicht sich selbst geben muss, ist wichtig: Glauben heißt, das letzte Wort über sich und die Welt an einen anderen abgeben und ihm überlassen. Glauben heißt, heraustreten aus dem Teufelskreis, wo ich mich richten, ja hinrichten und fertig machen muss, wo ich entweder die Kunst des „Ich-bin-es-nicht-gewesen" lerne oder alles, was schief läuft, auf andere abschiebe. Der Teufelskreis des Richtens, des Hinrichtens, wird in der Perspektive des Glaubens und seiner Botschaft der Vergebung befreiend durchbrochen. Denn es heißt: Er wird kommen zu richten die Lebenden und die Toten: er.

Das heißt, ein Hingerichteter wird Richter sein. Deshalb ist sein letztes Wort voller Erbarmen und voller Gerechtigkeit.

Ich plädiere damit für eine Wiederentdeckung der Frohen Botschaft von Gottes Gericht. Auch das ist der Jesus-Verkündigung und den biblischen und kirchlichen Zeugnissen angemessen. Nicht im Sinne einer Angstmache, aber auch nicht im Sinne einer Verbilligung des Lebens und des Glaubens mit dem Verlust schöpferischer, Gottgemäßer Konfrontation, die uns wieder herrichtet und die Niedergeschlagenen aufrichtet, vor allem die Opfer und die Täter anders konfrontiert – zum Heil aller. Daraus resultiert dann die Empfehlung der Bergpredigt: Richtet nicht, damit ihr nicht gerichtet werdet.

Was das für den Alltag bedeuten kann, dass wir so miteinander umgehen in einer Grundhaltung des Vergebens, des Verzeihens, des Segnens, dass wir uns nicht fixieren auf das, was schief ist oder faul, sondern dass wir mit dem Osterblick des Glaubens auf das schauen und schauen lassen bei uns selber, was der Vergebung fähig ist, dort, wo wir schon ansatzweise wenigstens so sind, wie wir in den Augen Gottes sind!

Mir liegt sehr daran, angesichts eines manchmal Wellness-orientierten Christentums, das so billig daherkommt, die Botschaft vom Gericht, von Gottes alles rettender und alles richtender Liebe, einzubringen. Das scheint mir ganz wichtig, gerade auch im Gespräch mit dem Islam heutzutage, verbunden mit der Notwendigkeit, dass der Islam innerislamisch klärt, was er für glaubensgemäß hält und was nicht, und dass wir dies auch christlich tun und theologisch füllen.

Der Begriff Sünde bleibt eine zentrale Kategorie: im Sinne von Gottesverweigerung, im Sinne von struktureller Eigensinnigkeit und Eigensüchtigkeit angesichts der Verkündigung des Evangeliums. Ein neuer Name für das, was Sünde ist, ist Gewalt.

Es gibt bis heute keine Religion, in der das Ausmaß, der Abgrund und die Unmenschlichkeit mitmenschlicher Gewalttätigkeit so offensiv in den Mittelpunkt des Gottesglaubens gestellt wird wie im Christentum. Paulus hat wirklich recht: Der Glaube ist dem einen eine Dummheit, dem anderen ein Ärgernis, uns aber Gottes Kraft und Weisheit. Im Lichte des Osterglaubens von der alles vergebenden Güte Gottes erscheint die Wucht der Gewalt im Geheimnis des Kreuzes Jesu sozusagen im Herzen Gottes und des faktischen Menschen. Christentum ist in diesem Sinn Gewaltanschauung. Das fürchterliche Wort vom Kreuz konfrontiert unerbittlich mit dem, was wir sind: Söhne und Töchter Kains. Aber dies im Lichte einer neuen Perspektive, die man unter den Stichwörtern Segnen und Vergeben beschreiben kann.

Einer der großen Analytiker der Gewaltdynamik, René Girard, meinte: Die Summe des Christlichen und das Charisma Jesu, seine Einmaligkeit überhaupt, die ihn für uns Christen zum Gottesgeschenk macht, läge in dem, dass Jesus am Kreuz gemäß Lukas sagt: „Vater, vergib ihnen. Denn sie wissen nicht, was sie tun."

Vergebung als die Frucht von Ostern, aber in einer Weise, dass Erkenntnis und Bekenntnis des Bösen, Offenbarung und Aufdeckung dessen, was faktisch der Fall ist, eben nicht verharmlost wird, sondern indem wir herausgefordert sind, konfrontativ hineinzugehen in die Gewaltgeschichten in der Hoffnung auf Ostern. Im Blick dieser Gewaltdynamik geht es um eine offensive Verkündigung vom Kreuz (das allerdings leider so oft depressiv und masochistisch und sogar sadistisch missverstanden wurde). Eine offensive Verkündigung vom Kreuz Jesu als dem Inbegriff der Güte Gottes angesichts der faktischen Geschichte ist uns immer wieder aufgegeben. Damit aber auch eine Theologie einer Spiritualität des Opfers als Hingabe, nicht im Sinn eines Blutopfers, nicht im Sinne von Opfersüchtigkeit oder Leidensstreben, sondern im Sinne eines stellvertretenden Einsatzes in dem göttlichen Wandlungsgeschehen auf Vollendung hin.

Es gibt keine Bitte um Vergebung, es gibt keine Reue, es gibt keine Schulderkenntnis und -anerkenntnis ohne Erschütterung oder ohne die Angst, dass mir Vergebung verweigert wird und ich zurückfalle in meine Untaten und auf sie festgenagelt bleibe. Angst ist ja eigentlich ein Lebenselixier. Der christliche Glaube ermutigt dazu, sich sogar seiner Ängste zu rühmen, wie das Paulus getan hat. Es wäre häretisch zu meinen, Glaube erlöse so einfach von Angst. Der Glaube erlöst dazu, dass wir mit unserer Angst schöpferisch umgehen und sie dann auch quasi im Gespräch mit Fachtherapeuten in der Therapie des Glaubens wirklich verwandeln lassen. Aber dazu muss man sie wahrnehmen und zulassen. Wie viel Veränderungsangst, wie viel Angst zwischen den Geschlechtern, wie viel Angst zwischen Priestern und Laien gibt es immer noch! Wie viel ungenutztes Lebenspotential bleibt verborgen, weil wir so tun, als wäre Angst etwas, was man am besten mit sich alleine ausmacht oder bestenfalls noch im Beichtstuhl bzw. im Therapiezimmer. Dabei müsste die Angst gemäß Paulus sozusagen auf den Tisch des Hauses, auf den eucharistischen Tisch, damit sie verwandelt werden kann. Also: Ängste wahrnehmen!

Zum Schluss

Papst Franziskus stellt die Kategorie der Schönheit oft in den Mittelpunkt (siehe Evangelii gaudium). Ist es schön, katholisch zu sein? Ist es schön, Christ zu sein? Warum? Wir sind auskunftspflichtig. Was ist es denn? Ist es schön? Sieht man es uns an? Ist es ein Geschenk?

Wenn es so wäre, würde hoffentlich daraus resultieren, dass wir es als schön und als Glück unseres Lebens empfinden, von Jesus zu wissen und immer mehr in seinen Bannkreis gezogen zu werden. Daraus ergibt sich eine Kraft, initiativ zu werden. Denn Gott ist es, der anfangen lässt und Christen sind jene Menschen, die bereit sind, stets die ersten Schritte tun.

Dieser Bereitschaft zu den ersten Schritten geht natürlich ein Prozess voraus, aber es ist eine Zielvorgabe. Diese wiederum existiert aus der Verheißung, dass dies in Jesus Christus schon geglückt ist und in der Kraft seines Geistes es vielen schon gegeben wurde und deshalb auch uns gegeben und aufgegeben ist.

Heute wird viel von missionarischer Seelsorge gesprochen. Aber das bleibt Vollgas im Leerlauf, wenn es nicht eine mystische und mystagogische Seelsorge ist. Wir können nur weitergeben, was wir empfangen. Wir können nur in dem Maße andere anstiften und anstecken, in dem Maße wir uns selbst beglückt wissen und sehen.

Segnen und Vergeben sind zwischenmenschliche Vollzüge, die für das Leben, die Ekklesiogenese einer Gemeinde, einer Ortskirche usf. wichtig sind. Wo bitten wir um Vergebung? Von oben nach unten, von unten nach oben. Ich denke an Papst Johannes Paul II. mit seinen grandiosen Vergebungsbitten. Wie ist das im kirchlichen Alltag? Und natürlich gibt es darüber hinaus einen globalen, vielleicht sogar kosmischen Zusammenhang, wenn man an die Bewahrung der Schöpfung, an das Engagement gegen die Globalisierung der Gleichgültigkeit usf. denkt. Segnen und Vergeben stehen außerhalb der Kategorien

des Marktes. Sie durchbrechen den vermeintlich normalen Zusammenhang des „Wie du mir, so ich dir" und
schaffen jenen Raum, der etwas mit dem Geheimnis
Gottes selbst zu tun hat.

Madeleine Delbrêl hat geschrieben: In der Nähe eines
Nichtglaubenden wird die Liebe zur Verkündigung. Aber
diese darf nur geschwisterlich sein. Wir als Christen und
Christinnen kommen nicht, um großmütig etwas mitzuteilen, was uns gehört, nämlich Gott. Wir treten nicht wie
Gerechte unter die Sünder, wie Leute, die ein Diplom
empfangen haben unter Ungebildete. Wir kommen, um
von einem gemeinsamen Vater zu reden, den die einen
kennen, die anderen nicht. Wir kommen wie solche, denen vergeben worden ist, nicht wie Unschuldige, wie
solche, die das Glück hatten, zum Glauben gerufen zu
werden, ihn zum empfangen, aber nicht als Eigenbesitz,
sondern als etwas, das in uns für die Welt hinterlegt wird.
Daraus ergibt sich eine ganze Lebenshaltung.

Für die Alltagspastoral empfiehlt sie ihren Gefährtinnen
und Gefährten in der Arbeit der Priesterschaft und in ihrer
Gemeinschaft: Geht in euren Tag hinaus ohne vorgefass-
te Ideen, ohne die Erwartung von Müdigkeit, ohne Plan
von Gott, ohne Bescheidwissen über ihn, ohne Enthu-
siasmus, ohne Bibliothek. Geht so auf die Begegnung mit
ihm zu. Brecht auf ohne Landkarte und wisst, dass Gott
unterwegs zu finden ist und nicht erst am Ziel. Versucht
nicht, ihn nach Originalrezepten zu finden, sondern lasst
euch von ihm finden in der Armut eines banalen Lebens.

Hoffen wir, dass wir nicht einmal sagen müssen: Ich be-
daure, dass ich mich zu wenig habe lieben lassen.

Friederike Dostal

Was Menschen zu Christus führt

Erfahrungen mit Katechumenen

Für manche ist christlich leben einfach der Ausdruck für die Kultur Europas. Integration bedeutet, sich auch dafür zu interessieren. Aber es gibt auch eine tiefer liegende Sehnsucht nach Gott, die dabei aufbrechen kann.

Anderen erweist sich Christus selbst, lässt sich erfahren, Menschen „erleben" ihn während ihrer Flucht. In Europa angekommen entdecken und erzählen sie, dass es Jesus Christus war, der sie begleitet hat; und sie wollen mehr erfahren und ihn ganz in ihr Leben aufnehmen.

Hilfsbereitschaft und Gemeinschaft

Oft ist es eine Sehnsucht, das zu finden, was etwa Asylsuchende in Gemeinden, in denen sie betreut werden, wahrnehmen: Menschenfreundlichkeit, Ehrlichkeit, Geduld, Hilfsbereitschaft, Gemeinschaft.

„Als ich in großer Not nach Wien kam, lernte ich Katholiken kennen, die mir viel und großherzig geholfen haben. So wurde ich neugierig und interessierte mich für ihren Glauben. Ich will ein Kind Gottes in der Gemeinschaft der Kirche werden und Jesus mit seiner Hilfe nachfolgen." (Hassan)

Eine junge Frau aus Bosnien sagte mir beim ersten Kontakt, dass ihr schon auf dem Balkan im Krieg Katholiken geholfen hatten, „obwohl ich nicht dazugehörte" und in

Österreich dann die Caritas. *„Weil es in der Kirche so viele Menschen gibt, die mir geholfen haben, obwohl ich fremd war, möchte ich in ihre Gemeinschaft aufgenommen werden."*

„Ich möchte Christ werden, weil ich seit meiner Einreise in Österreich nichts außer Barmherzigkeit und Hilfsbereitschaft für Notleidende von Christen erfahren habe." *(Hussein aus Afghanistan)*

Vergebung und Lebensfreude

Vor einiger Zeit wurde ein junger Mann aus einem islamisch geprägten Staat getauft, der in Wien seine Studien fortsetzen wollte. Eine Verwandte, die schon lange in Österreich lebt und Christin ist, versuchte ihn zu überreden, sich taufen zu lassen und in unserem Land zu bleiben. Der junge Mann – ich nenne ihn hier Jakob – besitzt ein großes Vermögen und einigen Einfluss in seinem Land.

Jakob hatte eigentlich nicht die Absicht, Christ zu werden. Was ihn zu mir brachte, war seine Suche nach Frieden und Vergebung, denn er war überzeugt, dass Gott ihn verworfen habe. Er war sehr gebildet und verstand wohl, was ich ihm zur Gnade Gottes, zur Vergebung, die die Taufe bedeutet, zu erklären versuchte. Aber in seiner Tiefe berührte ihn das nicht. Zwar wuchsen seine Sehnsucht nach Vergebung sowie das Interesse an Jesus Christus und der Kirche. Aber da war auch die Angst, nicht mehr zurückkehren zu können in die Heimat, zu seiner Familie. Monatelang konnte er sich nicht zu einem Entschluss durchringen, auch nur um die Aufnahme in den Katechumenat zu bitten.

Eines Tages kam er ganz verändert und voll Freude. Er erklärte mir: *„Jetzt weiß ich, dass alles, was Sie mir erklärt haben, stimmt und dass das Christentum wahr ist und Gott da wirklich wirkt und dass Er mich nicht vergessen hat."*

Dann berichtete er: Bei einem Kulturausflug mit Freunden, die alle keine Christen waren, besichtigten sie auch eine Kirche. Da kam ein Priester zu dieser Gruppe und fragte ihn, ob er ihn segnen dürfe. Jakob hatte nichts dagegen. Als der Priester ihm die Hände auflegte und still betete, brachen in Jakob aller Widerstand, alle Angst, alle Vorbehalte zusammen und er fühlte sich frei; nach Jahren der Verzweiflung erfüllten ihn Lebensfreude und Hoffnung. Das alles geschah in einem Augenblick.

Jakob fragte den Priester, warum er gerade zu ihm gekommen sei. *„Ich war in der Sakristei und hatte das Gefühl, ich sollte hinausgehen in die Kirche. Als ich Sie sah, wusste ich, dass ich für Sie beten sollte"*, war seine Antwort.

Es war trotzdem ein schwerer innerer Kampf, sich auf das Risiko des Glaubens einzulassen, aber Jakob konnte nicht mehr anders, als sich für Christus zu entscheiden. Er wurde getauft, brach seine Studien in Wien ab und kehrte in seine Heimat zurück. Er sagte: *„Ich bin wichtig für meine Leute, und dort kann ich wieder nützlich sein, weil Jesus Christus mit mir ist."*

Eine Taufbewerberin aus Japan wollten einige Kollegen auf der Universität überzeugen, dass es verrückt sei, sich taufen zu lassen. Sie sollte doch froh sein, dass man ihr das als Kind erspart habe. Sie meinte dazu immer: *„Die Leute sind so komisch. Sie haben schon alles und wollen nichts davon wissen."*

Beirren konnte sie das nicht. Warum, das erfuhr ich nach dem ersten Skrutinium. Erst nach dem Gebet um Befreiung konnte sie mir erzählen, was sie bei Christus suchte: Nämlich die Befreiung von den Geistern des Großvaters, bei dem sie aufgewachsen war und der ein Shintoanhänger war. Sie hatte davon noch als erwachsene Frau ein Gefühl von Angst und Bedrohung, von Unfreiheit. In der evangelischen Schule in Japan, die sie besucht hatte, hatte sie Menschen kennen gelernt, die frei waren. Das war für sie der Grund, in Wien immer wieder Zuflucht in einer Kirche zu suchen.

Was Menschen brauchen und oft schwer finden können, ist Befreiung von Schuld oder die Erfahrung, ohne Vorbehalt geliebt zu sein.

Deshalb ist für manche Menschen auch der Wunsch nach der Beichte ein Grund, sich an die katholische Kirche zu wenden.

Kirchenräume

Was viele zum Glauben führt, sind unsere Kirchen und Klöster, die Menschen einen Blick in den Himmel eröffnen. Ganz vorne in der Beliebtheit sind da Barockkirchen zu nennen, aber z.B. auch der Stephansdom. Menschen aus den unterschiedlichsten Ländern fühlen sich plötzlich geborgen. Immer wieder höre ich, dass sie dort die Gegenwart Gottes erfahren.

„Schon früher hatte ich gelegentlich das Gefühl, dass es mehr gibt, als meine Augen sehen können, nur konnte ich nie verstehen, wer oder was mir dieses Gefühl vermittelte. Bis ich an einem Tage aus mir unerfindlichen Gründen vor diversen Alltags-Problemen in eine Kirche flüchtete. Dort verspürte ich ein derartiges Gefühl von Geborgenheit, von Sicherheit, das ich vorher noch nicht kannte und das in mir jeden Zweifel beseitigte, dass es so etwas wie ‚Gott‘ tatsächlich gibt." (Norbert)

„Das erste Mal gingen wir in eine Kirche als wir um unseren geliebten Onkel trauerten, den wir nicht mehr besuchen konnten. In dieser verschneiten Dezembernacht fanden wir in der Kirche eine freundliche Stille voller Liebe, eine Art von gläubiger Liebe, einen Glauben an eine Person, die uns unbekannt war. Als wir aus der Kirche kamen, war alles voll Licht, Licht der Hoffnung, Licht von Gottes Liebe. Seitdem versuchten wir alles zu erfahren über Gott und Jesus." (Emily)

„Geboren in Japan wurde ich Weltmeister in Karate. Danach bekam ich einen Lehrstuhl an einer Universität in Japan. Die Universität schickte mich im Rahmen eines Lehreraustauschprogrammes nach Wien. Ich war zwar Buddhist, habe mich aber für die wunderschönen katholischen Kirchen in Wien interessiert. Ich besuchte oft die heilige Messe. Danach entdeckte ich in einer japanischen Zeitschrift die Japanische Gemeinde in Wien. Je mehr ich über den christlichen Glauben kennen gelernt habe,

desto mehr wünschte ich mir, an Jesus Christus fest zu glauben." (M.O.)

Eine junge Frau aus dem Iran, die wegen schwerer Übergriffe so traumatisiert war, dass sie nur mit Psychopharmaka überleben konnte und der es deshalb nicht möglich war, ihr Studium fortzusetzen, erzählte von so einem kurzen Besuch in einer Kirche. *„Da bekam ich die Kraft, wieder aufzustehen, weiter zu machen, mein Studium abzuschließen."* Seither betrachtete sie sich als Christin, las die Bibel und überzeugte auch ihren Ehemann. Wegen schwerer Verfolgung mussten sie ihre Heimat verlassen und kamen nach Österreich. So konnte sich dann auch der sehnliche Wunsch nach der Taufe erfüllen.

Musik

So erfuhr etwa Eva verwundert und ein wenig neidisch von den Sakramenten, vor allem die Beichte mit dem *„beseligenden Gefühl der Reinigung der Seele"* hatte sie tief beeindruckt. Als das Bedeutendste in ihrem Leben bezeichnet Eva, *„dass ich durch die Musik des begnadeten Johann Sebastian Bach – auf meine Art – tief gläubig wurde, das meiste, was man mir über den Vater, den allmächtigen Gott hätte erzählen können, verstand ich ohne Worte durch die göttliche und erhabene Musik und nahm es in mir auf, tiefer und fester als alle Kirchenformeln."* Eines Nachmittags war Eva ohne besondere Absicht zur Kirche gegangen. Sie folgte den Klängen des täglichen Orgelkonzerts. Damit begann der letzte Abschnitt ihres langen Weges zur Taufe.

Andere und doch ähnliche Erfahrungen machen Musiker immer wieder. Ein Violine-Student aus dem Iran drückte das beim ersten Kontakt so aus: *„Diese Musik ist Liebe und von dieser Liebe möchte ich mehr erfahren."* Das war alles – so fand er zu Christus.

Auch Musiker aus Japan, die bei uns studieren, entdecken in der klassischen Musik mehr als nur die Freude an Melodien und Spieltechnik. Die Musik eröffnet ihnen einen Zugang, eine Sehnsucht, die sie nach den Grundlagen fragen lässt. Das führt sie – nicht nur über die Kirchenmusik – zum Glauben der Kirche.

„Für mich gehören klassische Musik und Christentum eng zusammen und beides hat mit Liebe zu tun. Seit ich diesen Zusammenhang entdeckt habe, möchte ich zur Kirche gehören. Jesus hat die Menschen eingeladen und Liebe verkündet und ich hatte plötzlich das Gefühl, dass ich unbedingt mit einem Pfarrer reden muss. Jesus hat gesagt, alle, die den Willen Gottes tun, sind seine Brüder und Schwestern. Auf diesem Weg kann es sein, dass jemand seine Familie verliert. Das ist auch meine Situation, aber ich glaube daran, dass auch meine Mutter, die meinen Weg ablehnt, aus dem Dunkel zum Licht des Glaubens kommt. Jetzt ist sie noch nicht zu überzeugen, aber ich vertraue darauf, dass es einmal so weit kommen wird, dass sie mich versteht." (Daniel)

Auch junge Menschen, deren Familien immer schon hier beheimatet sind, finden durch die Musik zum Glauben:

„2005 hörte ich das Wohltemperierte Klavier von Johann Sebastian Bach und plötzlich kam es über mich.

Es berührte mich sowohl auf intellektuell-geistiger als auch auf emotionaler Basis, wie noch niemals etwas zuvor. Das Interesse für den Ursprung der Intensität seiner geistlichen Kompositionen wuchs. Ich spielte Klavier und mit der Zeit formte sich aus Ton und Text ein geistiges Spiegelbild in meinem Inneren, welches Jesus Christus und mich selbst in Wechselwirkung setzte und sich langsam auf mein tägliches Denken und Tun auszuwirken begann. Mit der Sehnsucht, der Gemeinschaft dessen, der mein Leben offenbar in die richtigen Bahnen lenkte, ganz anzugehören, reifte auch mein Entschluss, mich taufen zu lassen." (Christoph)

Gottesdienste

In unseren Gottesdiensten erleben viele Menschen, die nichts von Christus wissen, die Gegenwart Gottes, die Gemeinschaft der Kirche. Das führt sie oft zur Sehnsucht zu verstehen, warum es das bei uns gibt. Besonders der gemeinsame Gesang in unseren Feiern ist den meisten Kulturen fremd. Andere möchten beten lernen. Im Internet finden sie das Vater Unser und das führt sie dazu, mehr erfahren zu wollen.

„Der erste wirkliche Wunsch in mir, getauft zu werden, war bei einem Gottesdienst auf Hoher See in meiner Marinezeit, dort war der Moment, wo ich mir selbst gesagt habe, ich will getauft werden! Glauben tue ich schon, jetzt will ich wissen, was dahinter steckt." (Oliver)

„Ich bin eines Tages mit Freunden in die Kirche gegangen. Die Feier hat mir sehr gut gefallen, die Menschen

dort waren sehr nett und kontaktfreudig. Ich habe mich für diese Religion interessiert und mit den Menschen gesprochen. Was sie erzählt haben, hat mir sehr gefallen, und ich habe um eine Bibel gebeten und ich habe eine Bibel in persischer Sprache bekommen. Ich habe das ganze Neue Testament durchgelesen. Was ich gelesen habe, habe ich gut verstanden und es hat mir sehr gefallen. Ich habe immer mehr über Jesus und die Kirche gelernt und ich fühle mich gut in dieser Gemeinschaft, in der jeder jedem hilft und jeder dem anderen das Gefühl gibt, ein Mensch zu sein, der von Gott und den anderen Menschen geliebt wird. Das ist meiner Meinung nach die Basis für Frieden und Glück auf dieser Welt." (Hassan)

Der Umgang miteinander

Was Menschen aus anderen kulturellen Kontexten besonders anspricht, ist unsere Art und Weise miteinander umzugehen, die Offenheit und das Vertrauen, mit dem Frauen und Männer einander begegnen können. Wenn sie hier leben und entdecken, dass das weit entfernt ist von Unmoral, dann macht sie das neugierig. Für viele sind die Wertschätzung von Frauen in der Kirche und der Wert der Familie sowie der Schutz des Lebens von Bedeutung.

„Ich möchte Christin werden, weil Mann und Frau gleich behandelt werden und Jesus für alle Menschen aufs Kreuz gegangen ist." (Mahsa)

„Im Iran hatte ich christliche Freunde, die mir vom Christentum erzählten. Einmal ging ich mit einem Freund in

die Kirche und sah, was die Menschen taten. In meinem Inneren hatte ich sofort ein gutes Gefühl für Jesus und das Christentum. Ich wollte schon dort zum Christentum konvertieren, aber ich durfte nicht. Im Islam gibt es keine Freiheit, besonders nicht für die Frauen. Frauen sind wie Sklaven. Zu Gast bei einer christlichen Familie in Wien sah ich, dass der Mann und die Frau bei Tisch beteten und das beeindruckte mich und zog mich noch mehr an. Durch diese Familie kam ich in Kontakt mit der Pfarre. Das Christentum fasziniert mich durch seine Botschaft der Liebe. Ich sehe, dass Jesus voller Liebe ist." (Zahra)

„Ich wurde in der islamischen Tradition in Teheran geboren. Unser Nachbar war ein aramäischer Christ, der mich immer wieder aufs Neue beeindruckt hat. Das Christentum ist für mich im heutigen Leben wesentlich praktischer als der Islam. Ich erlebe die christlichen Leute immer sehr ehrlich, aufgeschlossen und barmherzig." (Kazem)

„Ich möchte Christ werden, weil die christliche Religion eine persönliche Ansprache mit Gott hat und alle Menschen gleich stellt." (Feroz)

Auch das Miteinander von Klerikern und Laien spricht Menschen an: vor einigen Jahren etwa einen jungen Russen, der in Wien studierte. Auf meine Frage, warum er nicht zur russisch-orthodoxen Kirche gehören wolle, sprach er von diesem katholischen Zueinander und Miteinander von Priester und Gemeinde und der gemeinsamen Verantwortung, was er so dort nicht finden konnte.

Liebe, Barmherzigkeit, Freiheit

Andere spricht besonders die Barmherzigkeit Gottes an, die im Evangelium deutlich wird. Dass Jesus eine Ehebrecherin vor der Steinigung bewahrt, dass er sich auch Frauen zuwendet, dass er sich wegen einer 12-Jährigen rufen lässt, ist für Menschen aus dem Iran, aus arabischen Ländern oder auch aus manchen Teilen Afrikas unfassbar.

„Mein Leben lang suchte ich nach echter Liebe. Da wurde mir auf einmal bewusst, im Christentum heißt es doch so, dass Gott Liebe ist und Liebe Gott ist. – Mein halbes Leben aber verleugnete ich Gott, weil ich an ein falsches Gottesbild seit meiner Kindheit glauben musste und deswegen den Glauben und das Vertrauen an ‚den Gott' verlor. Diesmal wollte ich aber an den liebenden, guten und erlösenden Gott glauben. So kam Jesus Christus vor einem Jahr in mein Herz. Mir war dann bewusst, es gibt einen Gott und er liebt auch wirklich mich!!! Unglaublich eigentlich, weil mir meine türkische Familie erklärte, Allah (Gott) würde mich bestrafen. Aber ich habe erfahren, dass Christus kein strafender und böser Gott ist, sondern ein barmherziger, liebender und guter Gott, egal welch einen Fehler ich mache!" (S.M.)

„Obwohl ich Jesus nicht kannte, habe ich ihm meine Schmerzen erzählt. Er verstand mich! Er beruhigte mich, dann habe ich verstanden, wer wegen mir ans Kreuz gegangen ist. Meine Sünde wurde durch ihn vergeben und jetzt verstehe ich, was es heißt, glücklich zu leben." (Alireza)

„Ich möchte Christ werden, denn in Jesus habe ich die wahre Liebe erlebt." (Sara)

Ich höre auch Zeugnisse von Menschen, die mir erzählen, dass ihnen Christus erschienen ist. So erzählte mir eine Taufbewerberin aus dem Iran: Ihr Vater, der von Christus nichts wusste, lag im Sterben und sorgte sich sehr um seine Frau und Tochter, die er zurücklassen musste. Plötzlich richtete er sich auf und erzählte, dass ihm gerade ein strahlender Mann erschienen sei, der ihm gesagt habe, er sei Jesus. Der Sterbende brauche sich keine Sorgen machen. Es wäre alles gut und er solle seiner Familie sagen, sie sollten Christen werden. Zwei Tage später starb er in Frieden. Es war für sie nicht einfach, aber inzwischen wurden die Frauen getauft.

„Seit ich Gott begegnet bin, fühle ich mich zu ihm berufen und möchte ihn immer besser kennen lernen. Durch diesen liebevollen Gott erlebe ich eine neue Art der Hoffnung, Zuwendung und des Lichts. Mit seiner barmherzigen Gnade und in seinem Sinne möchte ich den Weg mit ihm gehen." (Carmen)

„Was mich am christlichen Glauben fasziniert, ist, dass sich der Sohn Gottes für unsere Sünden als Sühne hingegeben hat und der Allmächtige Gott mich liebt und jeden einzelnen. Und Mutter Maria darf ich auch nicht vergessen, sie ist wie eine Brücke zum allmächtigen Gott. Ohne die Kirche wären wir verlorengegangen, weil sie ist wie die Arche, die Gott von Noah hat bauen lassen. Die Kirche ist die jetzige Arche, wenn man herum schaut, dann versteht man, was ich damit sagen will." (Demet)

Freiheit ist etwas, das es in vielen religiösen Gruppen nicht gibt. Auch Leute, die sich von Sekten und esoterischen Praktiken trennen wollen, machen die für sie erstaunliche Entdeckung, dass die Freiheit, die Gemeinschaft, die Nähe zum Göttlichen, die sie gesucht haben, ausgerechnet in der katholischen Kirche zu finden ist.

„Wir möchten Christen werden, weil wir uns frei fühlen. In dieser Religion ist Gott nicht unerreichbar." (Familie aus dem Iran)

Überwindung falscher Vorstellungen

Auch das ist eine Tatsache: Es ist viel leichter für sehr junge Menschen oder für solche aus fernen Ländern und areligiösen Milieus, nach Christus zu fragen und in der Kirche Gott zu suchen als für Europäer, die manches aus der Kirchengeschichte oder an aktuellen kirchlichen Problemen und Vorurteilen kennen bzw. aus den Meldungen der Medien zu kennen glauben. Da ist es manchmal schwer, sich gegen den eigenen Zweifel – manchmal in einem aggressiv kirchenfeindlichen sozialen Kontext – dazu durchzuringen, mehr wissen zu wollen.

„Da ich im Osten Deutschlands aufgewachsen bin, habe ich nie konkreten Kontakt mit Religion gehabt. Erst nachdem ich meine Freundin kennen gelernt habe, hatte ich meine ersten Begegnungen mit dem Christentum. Diese endeten oft in hitzigen Debatten. Es dauerte einige Zeit bis zu einem Verständnis. Doch nach einigen Besuchen bei ihrer gläubigen Familie fand ich Gefallen am Glauben. Das ist der Grund, warum ich Teil dieser christlichen Gemeinschaft werden möchte. Der Taufunterricht hat

mir dabei geholfen, den Glauben zu verstehen und zu erfahren, ob es der richtige Weg ist, den ich gehe. Die Erklärungen des Pfarrers haben dies bestätigt und geholfen, meinen Glauben zu stärken." (T.A.)

Eine Frau aus Prag: *„Religion war Opium für das Volk, das habe ich gelernt. Später, als mein Religionswissen sich leicht über Null bewegte, entwickelte ich eine äußerst kritische Haltung der katholischen Kirche und deren Würdenträgern gegenüber – ganz im Geist der heutigen Medien. Nachdem ich mich mit dem Glauben etwas mehr auseinandergesetzt habe, lernte ich zu differenzieren."* (Michaela)

Also selbst negative Schlagzeilen halten Menschen nicht von der Kirche fern. Ein Österreicher mittleren Alters entschied auf dem Höhepunkt der Missbrauchsberichterstattung, sich taufen zu lassen: *„Denn jetzt ist die Kirche dauernd in der Zeitung und da habe ich mir gedacht, jetzt sollte ich das endlich nachholen."*

Und ein älterer Wiener meinte vor seiner Zulassung zur Taufe: *„Wenn ich gewusst hätte, dass die Kirche das alles hat, dann hätte ich mir viele Umwege erspart. Aber dort habe ich als letztes gesucht."*

Dabei braucht es immer Christen, die ihren Glauben mit Freude und Selbstbewusstsein leben, sodass andere sich fragen: Wenn die so anders sind, können dann alle meine Vorbehalte richtig sein?

„Ich komme aus einer katholisch-portugiesischen Familie, in der Katholik zu sein mehr eine formelle Tradition war. Meine Eltern haben sich deswegen von der Kirche ent-

fernt und mich nicht getauft. Im Herzen habe ich mich immer christlich gefühlt mit einer sehr großen Sehnsucht nach Gott oder einer Art Spiritualität. Aufgrund der Kirchengeschichte habe ich mich immer von der kirchlichen Institution fern gehalten und meine Suche richtete sich in eine andere Richtung. Zufällig bin ich dann bei einer katholischen Gemeinde gelandet und meine alten Vorurteile haben sich aufgrund verschiedener Begegnungen geändert. Katholiken waren nicht so anders als ich. Ich singe in einem Chor und durch die sakrale Musik bin ich zur Heiligen Schrift gekommen und mein Interesse war geweckt. Ich konnte mir nicht vorstellen, dass so eine wunderschöne Musik komponiert werden kann, wenn Gott nicht eine Realität wäre. So eine Schönheit kann nur vom Heiligen Geist kommen." (Ines)

Manche weite Wege ...

„Ich bin in der ehemaligen Tschechoslowakischen Sozialistischen Republik geboren worden, und zwar in einer Familie, in der beide Eltern Kommunisten waren. Meine Großeltern väterlicherseits waren praktizierende Katholiken und sehr religiös. Obwohl mein Vater nicht mit einer Taufe einverstanden war, bin ich als Kind oft mit meiner Großmutter in die Kirche gegangen. So ist der Glauben zu mir gekommen und bei mir geblieben. Auch wenn ich als Kind und Jugendliche alle Stufen des sozialistischen Schulsystems und damit verbundene Jugendorganisationen durchgegangen bin und weder Taufe noch Kommunion bei mir möglich waren, war es doch der Glauben und das Gebet, die mir immer in schweren Zeiten ge-

holfen haben. In der schwierigsten Zeit meines Lebens, als meine Schwester nach einem schweren Autounfall um ihr Leben gekämpft hat, habe ich für sie gebetet und versprochen, mich taufen zu lassen, wenn sie am Leben bleibt. Meine Gebete wurden erhört und so löse ich, in tiefster Demut und Dankbarkeit, mein Versprechen ein."
(Dani)

Manchmal legt der Heilige Geist den Menschen schon den Glauben ins Herz, ohne dass sie davon irgendetwas wissen. Sie erfahren Christus in einer schweren Krankheit, sie erfahren Heilung, finden Kraft zu Versöhnung, jemanden, der da ist in ihrer Einsamkeit. Und sie merken auch, dass sich nur aus dieser Erfahrung allein ihr Leben noch nicht so verändert hat, dass sie das im Alltag tragen kann. Dann ist es sehr wichtig, dass sie in ihrer Nähe eine Gemeinde finden, Menschen, die sie aufnehmen und sie begleiten auf dem Weg des Christwerdens. Die große Gnade am Anfang braucht immer auch eine entschiedene Hinwendung zu Christus, damit das Geschenk wirksam wird für ein ganzes Leben. Das Zeugnis von Christen und die geistliche Hilfe in den vorbereitenden Riten verhelfen zu einem Hineinwachsen in die Fülle dessen, was anfanghaft erfahren wurde.

„Ich war eigentlich immer schon gläubig, wusste aber nicht so genau, wie ich damit umgehen soll. Ich weiß noch, dass ich schon früh angefangen habe zu beten, obwohl ich noch nicht getauft war. Meistens dann, wenn ich in Not war oder ein Problem hatte. Ich habe dann zum Beispiel gesagt, bitte lieber Gott, lass mich nicht alleine. Und er hat mich so oft erhört. Vor zwei Jahren war

ich in Barcelona in einer kleinen netten Kirche, eigentlich zufällig. Dort habe ich gespürt, dass die Verbindung nicht nur bestehen kann, wenn es mir schlecht geht. Ich wusste, ich muss eine grundsätzliche Entscheidung treffen, ob ich meinen Weg mit Gott gehen will. Dort habe ich mich dann für diesen gemeinsamen Weg entschieden und es hat sich gut angefühlt." (Marcel)

„Von Kindheit an kannte ich den katholischen Glauben, weil meine Mutter katholisch war. Ob der politischen und kulturellen Wirren zu jener Zeit wurde ich aber nicht getauft. Mein Mann war Daoist und ich folgte seinem Glauben. Dann wurde ich schwer krank und wurde von protestantischen Schwestern und Brüdern so gut umsorgt, dass ich eine Zeit lang ihrem Glauben anhing. Auf meiner Flucht aus China habe ich viel zu Gott gebetet. Hier wurde ich von einer Katholikin herzlich empfangen und von ihr in die chinesische Gemeinde gebracht, wo es mir gut gefiel. Da ich aber nicht lesen und schreiben kann, wurde ich bis jetzt nicht getauft, bitte aber, dass ich diesmal zugelassen werde, da ich glaube und Gott und seine Kirche liebe." (Maria)

Eine Frau aus der Mongolei wurde in einer buddhistischen Familie geboren. In der Familie wurde der buddhistische Glaube nicht praktiziert, aber auch der katholische Glaube abgelehnt. Nur ihre behinderte Nichte ging in die Kirche und las auch die Bibel. Durch sie erfuhr die Frau von Jesus als Retter und Erlöser und sie spürte die Freude, die ihre Nichte dabei ausstrahlte. In die Kirche zu gehen, um die heilige Messe mitzufeiern, wurde ihr nicht erlaubt. Doch die Worte ihrer Nichte: *„Jesus kann helfen* *und Er wird helfen!*" gaben ihr Hoffnung. Mit 28 Jahren kam sie nach Tschechien, um zu arbeiten. Ihr Wunsch, in die Kirche zu gehen, wurde immer stärker. Jedes Mal, wenn sie vor der Kirchentür stand, war diese verschlossen. 2010 kam sie mit einer Freundin zum ersten Mal nach Wien und in den Stephansdom. Sie spürte: Da ist Gott und ich will zum ihm gehören.

Glaubensbegleitung

Ohne unsere Bereitschaft, den Menschen zuzuhören und sie anzunehmen, uns ihren Fragen zu stellen, geht die Suche ins Leere oder dauert viele Jahre, bis sie ans Ziel kommt. Es braucht Christen, die bereit sind, Rede und Antwort zu stehen, die das Geschenk des Glaubens selbst angenommen haben und es teilen wollen und die wirklich beten können. Und es braucht Priester, die den Dienst der Befreiung ernst nehmen und sich einlassen auf den Glaubensprozess. Es braucht Begleiter, die aufmerksam sind und Widerstände erkennen können, damit die Taufbewerber die Hilfe von Gott erfahren können, die die Kirche für sie bereit hält.

Wenn Menschen erfahren, dass wir ihre Suche, ihre Fragen ernst nehmen, dass wir sie und ihre Geschichte respektieren, wenn sie dazugehören dürfen in unseren Gemeinden, persönliche Zuwendung in der Liturgie und im Gebet erfahren, wenn sie merken, dass wir uns Zeit nehmen und sie nicht rasch abfertigen wollen, dann machen diese Menschen die Erfahrung, dass Gott sie annimmt. Dann erkennen sie sein Licht und erfassen es.

„Ich bin im Iran geboren und studiere Violine in Wien. Seit meinem 15. Lebensjahr suchte ich nach der Wahrheit und fand sie verbotenerweise im Christentum. In Wien entdeckte ich eine ganz andere Kultur als in meiner Heimat und das hängt meiner Meinung nach mit der Religion der Menschen zusammen. Hier war alles das, was ich lange wollte und ich ging in viele Kirchen, stellte den Menschen viele Fragen, aber keiner konnte sie mir beantworten. Erst ein Priester, dem ich mich anvertrauen konnte, half mir, die Antworten, die ich bis dahin nirgends hatte finden können, im Glauben der Christen und in der katholischen Kirche zu entdecken. So fand ich mich selbst und die Beziehung zu Gott, seinen Frieden und die Liebe, in der ich wahrhaft ich selbst sein kann." (M.S.)

„Da meine Eltern Buddhisten sind, wurde ich im buddhistischen Glauben erzogen, der keinen Gott kennt. Ich habe aber schon von klein auf immer wieder über Gott nachgedacht, und als ich mit dem Studium der katholischen Theologie anfing, nahmen diese Gedanken mehr und mehr Form an. Das Studium und das dadurch vermehrte Zusammensein und die Gespräche mit Christen haben mich Gott immer näher gebracht. Vor allem die Herzlichkeit und Gemeinschaft im Zentrum für Theologiestudierende haben mich sehr beeindruckt. Die Liebe und Geduld, die all die Leute, die ich dort kennen lernen durfte, ausstrahlten, erhielten sie durch ihren Glauben. Dadurch inspiriert hat sich auch mein Glaube an Gott geformt und gefestigt. Das Gespräch mit einer katholischen Nonne, die so berührend über die Sakramente sprach, entfachte letztendlich den tiefen inneren Wunsch *in mir, mich taufen zu lassen und Mitglied der Gemeinschaft der Katholischen Kirche zu werden. Die Taufvorbereitung gab mir erneut die Möglichkeit, Gott in seiner Vielseitigkeit kennen zu lernen." (L.K.)*

„Von der Kirche habe ich die Hoffnung auf ein neues Leben bekommen. Ich fühle mich nicht mehr allein. Gott, mein Vater, begleitet mich in mein neues Leben. Für mich ist Jesus nicht nur in der Bibel, sondern ich erlebe ihn wieder neu in Christen, die mich in meinem schwierigen Zustand und Leben in Wien nicht allein lassen und meine Seelsorger sind." (Farah)

Was die Menschen brauchen, die Gott zu uns führt, sind Antworten aus dem Glauben, auch wenn sie noch nicht in der Lage sind, diese anzunehmen. Relativismus brauchen sie nicht. Ein Türke, den ich vor vielen Jahren auf die Taufe vorbereitet habe, hatte sein ganzes Leben aufgrund seines Glaubens umgekrempelt. Aber mit der Gottesmutter hatte er ein Problem. Dass Maria für ihn persönlich eine Bedeutung haben sollte, hatte für ihn keine Plausibilität. Da er aber alle Grundgebete zu lernen hatte, konnte er auch das Ave Maria. Er war ein Vielflieger und eines Tages kam er von einer Reise ganz begeistert zurück. Sein Flug hatte schwere Turbulenzen über Linz und das erste Mal hatte er wirklich Angst im Flugzeug. Und ohne zu wissen was er tat, betete er das Ave Maria und er sagte mir: *„Ja, es gibt Maria, sie war wirklich da! Ich habe es gespürt und ich hatte keine Angst mehr."*

Einen Zugang zum Glauben finden manche auch im Religionsunterricht. *„Die katholische Privatschule zeigte mir, wie schön der Glaube der Christen ist",* erzählte eine junge Frau aus islamisch-katholischem Elternhaus in Wien.

„Bereits mit ca. sieben Jahren hatte ich erstmalig den Wunsch, ein getaufter Christ zu sein, da ich die biblischen Geschichten im Religionsunterricht der Volksschule sehr spannend fand. Später versuchte ich, wie ein guter Christ zu leben; das gelang natürlich nicht immer. Die christlichen Werte wie Liebe, Hilfsbereitschaft, Ehrlichkeit und Vergebung waren und sind der Hauptgrund, dass mich die Kirche immer wieder wie ein Magnet angezogen hat." (Alexander)

„Schon seit dem römisch-katholischen Religionsunterricht fühle ich mich dem christlichen Glauben sehr verbunden. Die caritative Tätigkeit der katholischen Kirche imponiert mir sehr, sowohl was die Bekämpfung der Armut im Inland als auch im Ausland betrifft. Speziell der Religionsunterricht in der HTL, als auch meine Gespräche mit Pater Norbert geben mir immer wieder Anlass, über diverse Lebenssituationen und meine Beziehung zu Gott nachzudenken." (Vedat)

Gott spricht zu uns

In unserer Umgebung gibt es Menschen, die immer schon dazugehören wollten und lange suchen müssen, bis sie den Eingang in die Gemeinschaft der Kirche finden, bis sie sich aufraffen können, nach der Taufe zu fragen, weil sie Angst haben, auf Ablehnung und Misstrauen zu stoßen. Dort aber, wo Menschen die Freude sehen, mit der Christus uns erfüllt, da können sie an-

klopfen, die Angst und die Sprachschwierigkeiten über-
winden und sagen: Mit euch möchte ich gehen, denn bei
euch ist Gott.

Aurelia Spendel OP

Gnade – Liebe – Gemeinschaft. Die Brunnenfassungen des geistlichen Lebens

Geistliches Leben als Glaubensgestalt

Menschen unserer Tage leben nicht weniger geistlich als vergangene Generationen. Allerdings wandern Frauen und Männer aller Altersgruppen, Kinder und Jugendliche mehr und mehr aus den institutionellen und realen Räumen der Kirchen aus, so sie diese überhaupt je betreten haben. Sie suchen nach für sie verständlichen Formen des geistlichen Lebens, wenn ihnen auf ihre Fragen keine Antworten gegeben werden, bzw. wenn ihnen Fragen aufgedrängt werden, die sie gar nicht gestellt haben. Wenn ihre Lebensrhythmen nicht mit denen einer traditionellen pfarrgemeindlichen Zeitgestaltung zusammen gehen oder ihre modernen und pluralen Lebenserfahrungen nicht gewürdigt werden, wenden sie sich ab. Riten, Räume und Zeiten müssen dem entsprechen, was ein modernes Leben an Möglichkeiten bereithält und werden dann angenommen, wenn sie kompatibel sind mit den Anforderungen von Beruf und Familie oder den Wünschen an Privatleben und Freizeit.

Neben erprobten und gute Gewohnheit gewordenen Weisen, die sie als Ausgangsbasis nutzen, experimentieren Menschen heute auch mit ungewohnten Ausdrucksweisen, die es ihnen ermöglichen, ihrer Sehnsucht nach Gott und dem Erleben seiner Gegenwart in ihrem Leben und dem Leben der Welt Gestalt zu geben. Ein authentisches, geistliches Zuhause ist und bleibt Grundbedürfnis jeder lebendigen menschlichen Existenz.

Die Gestaltungsformen des geistlichen Lebens sind dann attraktiv, wenn sie anpassungsfähig, leibbezogen, lebensphasengerecht und beziehungsorientiert gelebt werden können. Im Vertrauen auf die je persönliche Gottesbeziehung werden Kreativität und Sinnlichkeit wach; reden Verstand und Vernunft mit, um Spiritualität jenen Ausdruck zu geben, den Menschen heute als Resonanzraum des Geistlichen identifizieren können. Dabei muss Spiritualität getragen und erfüllt sein von einer Beziehung, die sich als ein „Mehr" offenbart, das die Grenzen jeder Hoffnung wie jeder Schuld überschreitet in die Freiheit und Sicherheit der Söhne und Töchter Gottes hinein.

Die Ausdrucksformen des Glaubens sind keine privaten Schätze, die eifersüchtig und kleinlich vor anderen als persönliche Errungenschaften verborgen werden müssten. Sie sind nicht ängstlich zu hüten als zerbrechliche Kostbarkeiten, deren Nutzung durch „Fremde" Abnutzung bedeuten würde. Das geistliche Leben von Einzelnen und Gruppen bleibt im Fluss, wenn es geöffnet, geteilt, verschenkt und riskiert wird.

Gnade – Liebe – Gemeinschaft

„Die Gnade unseres Herrn Jesus Christus, die Liebe Gottes und die Gemeinschaft des Heiligen Geistes sei mit euch allen." (2 Kor 13,13)

So schreibt Paulus an die Gemeinde in Korinth, die ihm mehr als einmal Kopfzerbrechen und Herzeleid beschert. Diese Gemeinde ist alles andere als vorbildlich und weder im Glauben noch in der Liebe gefestigt. Ihr geistliches Leben droht in den Verlockungen heidnischer Kulte unterzugehen; ihr gemeinschaftliches Leben ist infiziert von den sozialen Ungerechtigkeiten der Gesellschaft. Paulus justiert die Gemeinde neu, indem er ihr immer wieder die Augen dafür öffnet, was sie aus mangelnder Einsicht in oberflächlicher Anstrengung und interessegeleiteter Auseinandersetzung nicht sehen kann. Gnade, Liebe und Gemeinschaft kommen ihr aus Gott zu und geben ihrem Leben jenen Halt, der den Glauben an Christus wachsen und stark werden lässt. Als Geschenk aus der Mitte göttlichen Lebens verbrauchen sie sich nicht, wenn an sie im besten Sinn Hand angelegt wird und sie wie ein Werkzeug genutzt werden, um dem christlichen Leben der Gemeinde Form und Ausrichtung zu geben.

Diese Worte des Paulus können damals wie heute Brunnenfassungen des geistlichen – und sozialen – Lebens sein. Sie fassen das ein, was aus der Gottsuche im Herzen von Menschen an die Oberfläche der Existenz in der je eigenen Zeit und Weise drängt. Sie geben ihm Raum und Richtung und verhindern, dass die Kraft aus der Tiefe im Diffusen verläuft und ihre Dynamik vergeht. Nach dem Verständnis der christlichen Tradition geistlichen Lebens ist dabei das, was aus der Tiefe strömt, nichts anderes als die Sehnsucht Gottes nach dem Menschen, der seinerseits nicht anders kann, als auf diese Gottes-Sehnsucht mit seiner eigenen Gottessehnsucht zu antworten.

Leben aus der Gnade

Geistliches Leben ist Leben im Rückgriff auf das Erleben und die Erfahrungen der Menschen vergangener Welten, vergangener Generationen und vergangener Kulturen. Geistliches Leben ist aber genauso Leben in der konkreten, realen Gegenwart, der nicht ausgewichen werden kann und die sich zwar auf essentielle, generelle Fakten menschlicher Existenz bezieht, aber unter den Bedingungen der Moderne, resp. Postmoderne gleichzeitig Divergenzen größter Spannbreite aufweist. Schließlich ist geistliches Leben wie ein Leben im Vorgriff auf die Zukunft, die nach christlichem Verständnis als endgültig erfüllte Gegenwart verheißungsvoll in die Gegenwart hineinragt, trotzdem aber immer noch aussteht und als Geschenk Gottes aus der Kraft menschlichen Wollens und Wirkens nicht erreicht wird.

So haben Menschen nicht das Ende, sondern den Anfang als gemeinsame Gabe in Händen, die durch den Tod als das „Ende" eines individuell gegebenen Körpers keinen Schaden leidet. Der Anfang als Geborensein ist die wahrhaft individuelle und allgemein dauerhafte Triebfeder der menschlichen Schöpferkraft, nicht der Tod, auch wenn die Unausweichlichkeiten des Todes und damit die Gefahr der vergessenden Auslöschung Menschen zu gewaltigen Anstrengungen verlockt. Wenn etwas von „mir" als dem Ich einer unverwechselbaren Existenz mit seiner Sehnsucht nach Dauer und Unzerstörbarkeit bleiben soll, werden Kunst, technischer Erfindungsgeist, Forschungsneugierde, politische Gestaltungskraft in positiver und leider auch in destruktiver Ausrichtung auf den Plan gerufen, um die Spuren des Einzelnen im Allgemeinen zu ziehen und irreversibel zu erhalten. Doch auch diese Werke sind von Vergänglichkeit gezeichnet. Sie werden im Letzten eingeschrieben in das Buch des Werdens und Vergehens und haben nicht als vornehmste Kennzeichnung die des Beginnens, sondern höchstens die der – bisherigen – Dauer. Damit sind sie ungeeignet, dem Tod ein Gegenstück zu sein, weil sie notwendiger Weise mit ihm koexistieren.

Als Geborene sind alle Menschen begabt mit der Qualität eines je neu Anfangenkönnens. Ihre Natalität (Hannah Arendt) ist kein erster Schritt auf den Tod zu, sondern der erste Ruf des Lebens nach sich selber und nach der Weite unzerstörbaren Lebens. Im Geborensein wird jener Anfang gesetzt, der als menschlicher Anfang nach Augustinus (Civitas Dei) dem göttlichen Anfangen der Schöpfung entspricht, jenem Anfang, der keinen Anfang kennt und der reiner Akt aus Gnade, aus der ungeschuldeten Zuwendung Gottes, ist. Dieser Anfang führt in die unabsehbare Weite des göttlichen Lebens, das keine Begrenzung und damit auch den Tod nicht kennt.

Kein Mensch hat ein Recht darauf zu sein. Wenn er aber ist, ist er/sie es als Geschöpf aus der Gnade des Anfangens. Geistliches Leben wird umfangen von dieser Gnade und gespeist aus immer neu anfänglicher Gottespräsenz.

Leben aus der Liebe

Geistliches Leben steht unter dem Vorzeichen der Liebe. Diese Liebe schließt nichts von dem aus, was zum menschlichen Leben gehört. Höhen und Tiefen, Erbarmen und Schuld, Erfolg und Versagen sind Themen der Psalmen sowie Themen jener Gebete, in denen das Volk Israel, Jesus selber und die, die ihm als neues Gottesvolk folgen, ihre Situation artikulieren und sie vor Gott darstellen.

Die paradigmatische Matrix des Lebens Jesu in Predigt, Zeichen, Tod und Auferstehung umreißt näherhin diese Realitätskomponente geistlicher Existenz. Auch in seinem Dasein wurde nichts von dem ausgeschlossen, was Menschsein bedeutet. Er war Kind und Erwachsener, Sohn und Bruder, Liebender und Geliebter, Lernender und Lehrender. Als Siegel des Menschseins wurde er armselig geboren und starb elend, lechzend nach Gott, der inneren Einsamkeit ausgesetzt wie Millionen von Menschen, die niemanden haben, der ihnen zur Seite steht. Wäre aus diesem exemplarischen Leben auch nur eine einzige Komponente menschlichen Seins prinzipiell verbannt, wäre uns zwar der Zugang zu Jesus von Nazaret als einer „Göttergestalt" möglich, jedoch nicht zu ihm, der als unser Bruder Sohn Gottes war, ungetrennt und unvermischt in Gottheit und Menschheit. Geistliches Leben könnte sich auf ihn dann nicht berufen. So aber ist die Liebe als Brunnenfassung geistlichen Lebens aus der Erfahrung jener Gottes-Liebe genommen, die in Jesus von Nazaret Gestalt annahm, die im tiefsten Grund unsere eigene Gestalt ist.

In der Nachfolge Jesus öffnet sich die Möglichkeit, geistlich zu erwachen und so zu wachsen, dass wir im eigenen Antlitz sein Antlitz erkennen und dadurch in jedem menschlichen Antlitz der Gegenwart Gottes innewerden. Geistliches Leben kann es sich erlauben, unschuldig und kompromisslos zu sagen: So und nicht anders ist die Welt; so und nicht anders sind Menschen. In ihnen ist Beziehung zu Gott. Denn der Realitätsbezug spiritueller Formung ist ein doppelter: Gott und Welt, Gott und Mensch, radikal, ohne Angst vor dem, was ist, was es ist. Unüberbietbar formuliert es der Prolog des Johannesevangeliums: „Das wahre Licht, das jeden Menschen erleuchtet, kam in die Welt. Er war in der Welt und die Welt ist durch ihn geworden, aber die Welt erkannte ihn nicht" (Joh 1,2f.). Geistliches Leben wird umfangen von der fragenden Zustimmung dazu, dass die Liebe den Tod nicht ausradiert und es keinen Weg (zurück) in einen paradiesischen (Ur)Zustand gibt; dass es aber zumindest einmal ein Grab gab, das dem Leben nicht gewachsen war.

Leben aus der Gemeinschaft

Geistliches Leben zeitigt praktische Konsequenzen. Für diese Dimension des geistlichen Lebens bietet das so genannte Hohelied der Liebe (1 Kor 13) des Ersten Korintherbriefes die Hintergrundfolie. Zusammenfassend könnte man sagen: Würde ich alles tun, was ich tun könnte und wäre es das heldenhafteste, erstaunlichste, genialste Tun aller Zeiten und Welten, „hätte aber die Liebe nicht", wäre ich nichts und nützte es (mir) nichts. Es wäre sinnloses und nutzloses Gewerkel und ich ein eingebildeter Narr.

Paulus lässt in seinem zweiten Brief an die Gemeinde in Korinth keinen Zweifel daran, was er sowohl mit dem Hohelied der Liebe als auch mit seiner Zusage der Gemeinschaft des Heiligen Geistes meint. *„Freut euch, kehrt zurück zur Ordnung, lasst euch ermahnen, seid eines Sinnes und lebt in Frieden!"* *(2 Kor 13)* Stärken und Schwächen sind normal im menschlichen Dasein. Sie dürfen aber nicht das letzte Wort sein und auch nicht das letzte Wort haben. Gemeinschaft entsteht und besteht nur dann, wenn jede und jeder im Sortiment der eigenen Verfasstheiten nicht stehen bleibt, sondern sich weiter entwickelt in seinem und ihrem geistigen und sozialen Dasein. Naturales wie geistliches Geborensein, Neugeborensein aus der Taufe, heißt auch immer Erneuerung. Diese Erneuerung ist in sich je wieder neu, sie wiederholt nicht die Erneuerungen vergangener Zeiten. Denn das, was im Kontext des Jetzt anders geworden ist als das, was war, verlangt nach dynamischer, wissender Erneuerung im Jetzt. Die Dimensionen geistlichen Lebens in und aus Gemeinschaft werden vorgegeben vom Prolog des Johannes, der das Licht als Erleuchtung für jeden Menschen versteht. In und aus Gemeinschaft geistlich zu leben bedeutet also, eine Fassung für dieses Leben zu suchen, die nicht in ideologischer Verengung meint, allen gerecht werden zu müssen oder zu können. Eine menschengerechte Fassung geistlichen Lebens weiß sich verwiesen auf die Pluralität geistlicher Ausdrucksformen, auf die Unabgeschlossenheit der Bilder, seien sie sprachlicher oder darstellender Natur. Die Brunnenfassung geistlichen Lebens, die der Gemeinschaft aller Gottes-Pilgerinnen und -Pilger gerecht wird, ist dem Fließen des

Lichtes nachgebildet und hütet sich vor der Versteinerung und Verödung selbsternannter Rechtgläubigkeit.

Schlussendlich

Das Evangelium des Jesus von Nazaret ist Botschaft der Gnade, der Liebe, der Gemeinschaft. Er ist und gibt das lebendige Wasser, das für jeden und jede da ist, der und die Durst hat, schlicht Durst nach Leben, gleichgültig weshalb, gleichgültig ob und welches Schöpfgefäß er/sie mitbringt, gleichgültig welches er/sie aus seiner oder ihrer Herkunft und Erfahrung für geeignet hält.

Für niemanden und nie soll dieses lebendige Wasser versickern müssen, weil versäumt oder verhindert worden wäre, im Allerlei und Vielerlei des Lebens eine angemessene, einladende Brunnenfassung zu bauen. Gnade, Liebe und Gemeinschaft sind Reservoire göttlicher Sorge um den Menschen, den/die er liebt, die es erlauben und ermöglichen, geistlichem Leben Form zu geben, damit es blühen und gedeihen kann.

Andreas R. Batlogg SJ

Christlich leben in der Welt von heute

Impulse aus „Evangelii gaudium" von Papst Franziskus

Hinweis des Verfassers:
Der Redecharakter wurde weitgehend beibehalten.

Am Beginn meines Referats möchte ich von drei Erfahrungen berichten, die ich auf Papst Franziskus zurückführe. Der Bischof von Rom prägt mich. Er motiviert mich. Er macht mich nachdenklich – und das möchte ich auch hier bei Ihnen tun, mit seinen Worten und Anregungen aus seinem Apostolischen Schreiben „Evangelii gaudium" vom November 2013: Mut machen, aufbauen, trösten, Interesse wecken – Christ zu sein in der Welt von heute, mit Methoden, Inhalten und Anliegen von heute und morgen, nicht von gestern.

Vor Ihnen steht ein Jesuit, der seine Arbeit hauptsächlich am Schreibtisch verrichtet. Ich muss Monat für Monat ein Heft mit 72 Seiten füllen. Das ist mein Los als Redakteur. Seit 15 Jahren. Als Herausgeber und Chefredakteur bin ich seit sechs Jahren dafür verantwortlich, dass es exzellente, mindestens gute Editorials, Artikel und Rezensionen sind, die in den „Stimmen der Zeit" publiziert werden.[1] Daneben leite ich, noch bis Anfang März 2015, seit sieben Jahren das Karl-Rahner-Archiv, also den wissenschaftlichen Nachlass von Pater Rahner, der auf der Österreichischen Pastoraltagung gern gesehener Referent war. Auch das: Schreibtischagenden. Es war mir immer auch wichtig, in der Seelsorge präsent zu sein, seitdem ich im April 1993 von Christoph Schönborn OP, damals noch Weihbischof, in der Konzilsgedächtniskirche in Wien-Lainz zum Priester geweiht wurde. Von 1999 bis 2011 war ich regelmäßig in einer Pfarrei im Bregenzerwald tätig, seither in Bregenz. Dazwischen, 2004/05, war ich während eines USA-Jahres vier Monate lang Pfarrer in der Pine Ridge Reservation in South Dakota/USA bei Oglala-Sioux-Indians bzw. Native Americans.

Theologie wird geerdet durch die Begegnung mit Menschen und ihren konkreten Anliegen und Sorgen – auf die man, von der Universität kommend, oft keine adäquaten Antworten hat. Drei Erfahrungen also zunächst.

Eine erste Erfahrung: Eher zufällig zunächst habe ich vergangenes Jahr einige Monate lang wöchentlich einen Gefangenen in der Justizvollzugsanstalt Stadelheim in München besucht. Der Kirchenrektor von Sankt Michael in der Fußgängerzone zwischen Stachus und Marienplatz bat mich, einen dort engagierten Mitarbeiter zu besuchen, der wegen einer Betrugsgeschichte einsaß. Als Priester ist der Zugang ja viel leichter als für einen Juristen. Ich merkte, dass es wichtig ist, einmal pro Woche aufzukreuzen, und das hat bis auf wenige Ausnahmen gut geklappt, 25 Mal. Seit Oktober ist er jetzt Freigänger.

Als ich im Januar 2013 zum ersten Mal mit der U-Bahn zum Mangfallplatz fuhr und dann noch zwei Busstationen nahm, habe ich überlegt, wann ich zum letzten Mal in einem Gefängnis war. Ich kam auf meine Pastoralzeit in Lainz-Speising, zwischen 1991 und 1993, bei einer Weihnachtsfeier für jugendliche Straftäter. Das ist lange her. Und was hat das mit Papst Franziskus zu tun? – Es genügt nicht, ihn toll zu finden, seinen Stil, sein einfaches Auftreten, seine Spontaneität zu bewundern. Der springende Punkt ist: Wozu fühle ich mich aufgefordert durch seine Rede vom Gang an „die Ränder"? Wo sind für mich „Peripherien", wo ich von selbst, freiwillig, vielleicht nicht hinginge? Wo kann ich in ein anderes Milieu eintauchen, das nicht zu meinem üblichen pastoralen Umfeld gehört? Das Beispiel von Papst Franziskus befreit.

Eine zweite Erfahrung: Wenn geistliche Begleiter versetzt werden, müssen sie ihre „Klienten" an andere weiterreichen. So bin ich an einen jungen Mann gekommen, der als Frau geboren wurde. Schon bei der ersten Begegnung, als wir uns kennen lernten und schauen sollten, ob ich seine Begleitung übernehmen könne, habe ich mich in die Nesseln gesetzt, als ich fragte: „Wann war denn Ihre Geschlechtsumwandlung?" Er antwortete: „Sie diskriminieren mich jetzt, ohne es zu ahnen. Das heißt Geschlechtsangleichung, nicht Geschlechtsumwandlung. Es ging darum, dass ich endlich in den richtigen Körper komme." – Es ist gut, sich nach solchen Erlebnissen bei älteren Mitbrüdern schlau machen zu können, die mehr Erfahrung haben.

Nun begleite ich diesen jungen Mann seit einigen Monaten – und ich lerne dazu. Ich lerne eine Welt kennen, von der ich nichts wusste, ja nicht einmal etwas ahnte. Und ich erlebe eine große Not, eine große Sehnsucht nach Liebe und eine riesengroße Angst vor Zurückweisung. Die Gespräche sind oft anstrengend, und ich habe bemerkt: Nach 19 Uhr, nach einem Bürotag, kann ich keine Gespräche ansetzen, weil ich meistens zu müde bin. Zu Weihnachten erhielt ich eine Karte: „Ich glaube, dass Gott mich so geschaffen hat und so will, Menschwerdung heißt doch, dass Gott sich überall inkarniert … Warum akzeptiert das die Kirche nicht, warum bleibt auf meinem Taufschein für alle Zeiten mein Mädchenname stehen?"

Ohne Papst Franziskus hätte ich mich auf Tobias, nennen wir den jungen Mann so, nicht eingelassen. Und jetzt gehe ich seinen Weg mit. Er ist Trauerredner, bezeichnenderweise, denn eine Anstellung bei der Kirche bekommt er unter den gegebenen Umständen nicht. Für mich hat sich eine neue Welt aufgetan, und ich habe gemerkt: Auch 22 Jahre nach der Priesterweihe kann es völlig neue, auch überfordernde Situationen geben.

Was ich vom Papst lese, wie ich ihn erlebe – ermutigt mich, mich nicht in gewohnten Bahnen zu bewegen, sondern herausfordern und anfragen zu lassen. Es ist ja oft auch eine gegenseitige Bereicherung. Angst, Unsicherheit, manchmal auch nur Unwissenheit verhindern manchmal, dass wir uns einlassen.

Was heißt:
„Die Kirche ist dazu aufgerufen, aus sich selber heraus und an die Peripherien zu gehen, nicht nur an die geographischen, sondern auch an die existentiellen Peripherien: jene des Mysteriums der Sünde, des Leidens, der Ungerechtigkeit, der Unkenntnis bzw. der Missachtung des Glaubens, an die Peripherie des Denkens und allen Elends"[2]?

Damit hat ein gewisser Kardinal Jorge Mario Bergoglio SJ seine Rede im Vorkonklave begonnen. Es genügt nicht, sie zur Kenntnis zu nehmen, begeistert davon zu reden, akademisch zu analysieren, zu kommentieren – um dann wieder dem eigenen Trott nachzugehen. Wir müssen tun! Und Papst Franziskus' Aufforderung, an die Ränder zu gehen, ist ja nicht neu. Im Jahr 2005 sagte er, als Erzbischof von Buenos Aires, in einer Katechese:

„Fassen Sie Mut und denken Sie die Pastoral und die Katechese von den Rändern her, denken Sie an diejenigen, die am weitesten entfernt sind, die in der Regel nicht in die Kirche gehen. Auch sie sind zum Hochzeitsmahl des Lammes geladen. […] Kommen Sie heraus aus Ihren Löchern! Heute sage ich es noch einmal: Kommen Sie heraus aus der Sakristei, dem Pfarrbüro, den VIP-Lounges, gehen Sie hinaus! Praktizieren Sie eine Pastoral der Hinterhöfe, der Türen, der Häuser, der Straße. Worauf warten Sie noch? Gehen Sie hinaus! Und vor allem praktizieren Sie eine Katechese, die niemanden ausgrenzt und offen ist für die neuen Herausforderungen dieser komplexen Welt. Seien Sie keine starren Funktionäre, keine Fundamentalisten einer Planung, die ausgrenzt."[3]

Eine dritte Erfahrung noch: Am Ende einer Klausur für Pfarrgemeinderäte dreier Pfarreien in München sprach mich im letzten Juli einer der Organisatoren an, ob ich bereit wäre, im kommenden Jahr für drei oder vier Queer-Gottesdienste zur Verfügung zu stehen. Meine erste Reaktion: Was ist denn das? Solche Gottesdienste finden in Sankt Paul in der Nähe des Hauptbahnhofs statt. Ich habe mich zuerst geziert: Woher soll ich wissen, dass ich das kann? Dann: Wer zelebriert denn da sonst so?

Es sind insgesamt zehn oder fünfzehn Priester, darunter auch drei Jesuiten. Das hat mich schon etwas beruhigt. Aber ein erster Besuch in diesem Milieu steht noch aus, vorerst habe ich drei Termine übernommen.

Meine erste Reaktion war also wieder: Angst, Zurückhaltung, Fragen wie: „Was denken die anderen, welchen Ruf bekomme ich da?" Der Anfragende hat das natürlich gespürt. Das Kompliment, dass ich nach dieser Klausur für die delikate Aufgabe angefragt wurde, habe ich zunächst gar nicht wahrgenommen. Also noch einmal: Angst, Unsicherheit, manchmal auch nur Unwissenheit verhindern manchmal, dass wir uns einlassen. Dass wir uns auf den Weg machen. Dass wir auf Menschen zugehen. Dass wir nicht ausgrenzen, sondern im Geist Jesu parat stehen. Verfügbar sind.

Und das verbinde ich mit Papst Franziskus. Er nimmt mir Ängste und Vorbehalte – weil er es mir vormacht. Ich erlebe das als Befreiung und auch als Bereicherung meines eigenen Tuns.

Wir sollen keine „Bergolistas" werden. Aber: Der Papst spornt an. Es ist schön zu erleben, dass sich durch den neuen Bischof von Rom Bischöfe ermutigt sehen, neue Wege zu beschreiten – und zu erleben, dass sie sich ernst genommen und gestärkt fühlen von ihrem Bruder, dem Bischof von Rom. Ein jüngstes Beispiel ist der austrobrasilianische Bischof Erwin Kräutler CPPS, der im Juli 2014 altersgemäß mit Vollendung seines 75. Lebensjahres seinen Rücktritt anbieten musste. In seinem jüngsten, zusammen mit Josef Bruckmoser verfassten Buch berichtet Kräutler von einer Audienz beim Papst am 4. April

2014, die „von gegenseitigem Verständnis und Wertschätzung geprägt" gewesen sei:

„Als Bischof aus Brasilien fühlte ich mich beim ersten Papst aus Lateinamerika verstanden – bis hinein in die Sprache. [...] In einem solchen Miteinander von Papst und Bischöfen können sich ganz neue und hoffungsvolle Perspektiven für unsere Kirche eröffnen."[4]

Der Titel des letzten Kapitels seines Buches, „Das neue Gesicht der ,Franziskus'-Kirche" (201–219), mag etwas emphatisch wirken. Denn Papst Franziskus geht es ja gerade nicht darum, eine Kirche nach seinem Stil zu etablieren, sondern den Fokus auf den barmherzigen Jesus zu richten, den Erlöser, in dem uns die Menschenfreundlichkeit und Güte Gottes begegnet. Dom Erwin sieht aber auch messerscharf, woran das Unternehmen Franziskus auch hängt:

„Ich bin daher fest überzeugt, dass es nun sehr stark an den Bischöfen und an den Bischofskonferenzen liegen wird, ob und wie es mit einer Reform der Kirche vorangehen kann."[5]

Dezentralisierung und mehr Entscheidungsbefugnisse für Bischöfe wie auch die Aufforderung des Papstes, „kühne Vorschläge" für pastorale Notsituationen zu machen, beflügeln diesen Bischof, dessen Wirken ein Leben an den Rändern und in Extremen war und bis auf Weiteres ist.

1. Ouvertüre: Vergewisserungen von Karl Rahner SJ (1904–1984)

Da ein Handout immer Wochen vor einem Vortrag abgeliefert werden muss, wenn dieser noch gar nicht steht, waren diese Bemerkungen meiner Ouvertüre voranzustellen, die dafür jetzt kleiner ausfallen kann: Auf dem Handout ist die Rede von „Vergewisserungen von Karl Rahner SJ (1904–1984)".

Was meine ich damit? Was meint Karl Rahner damit? Irgendwo habe ich schon gelesen, dass Papst Franziskus den anderen Bruder, Hugo Rahner SJ, positiv erwähnt hat. Das überrascht mich nicht. Und stört mich nicht. Papst Franziskus kennt Karl Rahner nicht – auch nicht, was in dessen Theologie steckt, gerade auch in pastoraltheologischer Hinsicht. Das macht aber auch nichts. Mein Gewährsmann bleibt Karl Rahner.

Es ist eine schlichte, fast schon banal wirkende Tatsache, auf die Karl Rahner vor über 75 Jahren, im Februar 1937, in einem Vortrag im Wiener Logos-Verein, einem Akademikerzirkel, aufmerksam machte: „Im Christentum, das heißt in Jesus Christus, hat der lebendige, persönliche Gott den Menschen angeredet."[6] Sie werden sagen: Das ist eine Banalität, eine Selbstverständlichkeit. Ja und nein. Es heißt an derselben Stelle weiter: „Damit ist eine erschreckende Tatsache in das Leben des Menschen getreten, die jeden Versuch einer in sich geschlossenen, innerweltlichen Harmonie der menschlichen Existenz in Gott hinein verunmöglicht."[7]

Ein Kriterium christlicher Existenz, erst recht für morgen, besteht für mich darin, ob wir von diesem „Erschrecken" Zeugnis geben: Christen haben vom ewigen, allmächtigen, fernen, anonymen Gott mit Jesus und in Jesus jemanden an ihre Seite gestellt bekommen. „Menschwerdung Gottes" ist keine leere Vokabel oder eine theologische

Phrase, sondern meint Transzendenz nach unten: Gott hat sich auf uns eingelassen, er hat sich verwundbar gemacht, er leidet mit, er begnügt sich nicht mit einer Zuschauerrolle. Jesus wurde zu Gottes Solidarität mit uns Menschen: „Er war Gott gleich, hielt aber nicht daran fest, Gott gleich zu sein, sondern er entäußerte sich und wurde wie ein Sklave und den Menschen gleich. Sein Leben war das eines Menschen" (Phil 2,6 f.). „Menschwerdung Gottes" in Jesus von Nazaret ist keine göttliche Intervention auf Abruf, sondern Gottes permanentes Engagement. Es dauert an. Und: Der Name „Jesus" besagt, worin Gottes Solidarität besteht: „Gott rettet."

Ich mache mir die Sprechweise von Papst Franziskus zu eigen. Er könnte wirklich fragen: Erzählt unser Leben als Christen von diesem Erschrecken? Spüren Menschen, dass wir mit Jesus dem Christus zu tun haben, dass es da um eine Lebenswahl ging, die ein Bekenntnis beinhaltet zu einem historischen Ereignis, einer Person, die der Religion den Namen gibt? „Im Christentum, das heißt in Jesus Christus, hat der lebendige Gott den Menschen angeredet." Gott hat uns angesprochen in Jesus von Nazaret, dem in Betlehem geborenen Kind – und damit ist nichts mehr so wie vorher.

Die Konsequenz, die Karl Rahner daraus für christliche Existenz zieht, belegt er mit einer Wendung aus den Stromata, den Teppichen, des Klemens von Alexandrien, gestorben 215 in Kappadokien. Christen sind keine weltfremden Wesen: Sie sind in der Welt, sie engagieren sich, aber sie weisen gleichzeitig mit ihrem Leben über die Welt hinaus, machen auf etwas Anderes aufmerksam.

Sie sind *kosmiou kai hyperkosmiou* – weltlich und über-weltlich zugleich[8]. Wir erzählen etwas mit unserem Leben, das über diese Welt hinausweist, wir erinnern an die Transzendenzverwiesenheit des Menschen.

Ganz ähnlich dann, in einem Sammelband, der 1943 erschienen ist, in dem Artikel „Der Pfarrer". Da meint Karl Rahner:

„Das Christentum ist zuerst und zuletzt Christus selbst. Es ist im tiefsten nicht eine Summe von Lehren und Gesetzen, von Dogmen und Vorschriften, sondern eine Wirklichkeit, die da ist, die immer aufs neue in unserem Leben gegenwärtig wird [...]. Und diese göttliche Christuswirklichkeit ist nicht etwas mystisch oder metaphysisch Ungreifbares, sie braucht nicht ergriffen werden in einem mystischen, gnostischen, idealistischen Aufschwung des Geistes über die Welt hinaus, nicht durch ein Verlassen des Raumes unseres ‚natürlichen' d. h. raumzeitlich greifbaren Lebens, sondern sie kommt zu uns selbst an irdischem Ort und in irdischer Stunde. Denn Christus ist der geschichtliche, fleischgewordene Heilswille Gottes [...]. Von daher, nicht vom ungeschichtlichen Jenseits Gottes erreicht uns alle Gnade; sie trifft uns als Wellenring, der von diesem Punkt ausgehend auch im Medium der sichtbaren und greifbaren einen Menschheitsgeschichte bis zu uns weitergetragen wurde."[9]

Ich meine, das könnte auch Papst Franziskus so sagen, und er tut es, wie wir gleich sehen werden. Christentum hat mit einer Person zu tun, primär. Dann kommt alles andere.

Den dritten Hinweis, den mir mein Lehrmeister Karl Rahner gibt, kennen Sie aus verschiedenen Zusammenhängen:

„... der Fromme von morgen wird ein ‚Mystiker' sein, einer, der etwas ‚erfahren' hat, oder er wird nicht mehr sein ..."[10]

Der Satz stammt aus dem Jahr 1966, veröffentlicht in der Zeitschrift „Geist und Leben" in dem vielzitierten Aufsatz „Frömmigkeit früher und heute". Ihm liegt ein von Oktober bis Dezember 1966 in mehreren deutschen Großstädten gehaltener Vortrag zugrunde. Dieser Vortrag ist berühmt-berüchtigt durch dieses Rahner-Zitat, das zu den populärsten und meistzitierten, oft aber auch zu den verstümmeltsten und aus dem Zusammenhang gerissenen zählt.

Es lohnt, den Zusammenhang zu beachten, und das heißt hier: mindestens den Satz davor und den Satz danach, besser noch, den Absatz davor und den Absatz danach zu lesen. Ein Text erklärt sich oft aus dem Kontext. Wie sollte es hier anders sein – bei einem Rahnersatz, der mittlerweile aphoristischen Charakter angenommen hat und als Kalenderabreißblatt dient. So ist ihm im Übrigen der Zahn gezogen! Es heißt da also im Zusammenhang:

„Nur um deutlich zu machen, was gemeint ist, und im Wissen um die Belastung des Begriffes ‚Mystik' (der, recht verstanden, kein Gegensatz zu einem Glauben im Heiligen Pneuma ist, sondern dasselbe) könnte man sagen: der Fromme von morgen wird ein ‚Mystiker' sein, einer, der etwas ‚erfahren' hat, oder er wird nicht mehr sein, weil die Frömmigkeit von morgen nicht mehr durch die im voraus zu einer personalen Erfahrung und Entscheidung einstimmige, selbstverständliche öffentliche Überzeugung und religiöse Sitte aller mitgetragen wird, die bisher übliche religiöse Erziehung also nur noch eine sehr sekundäre Dressur für das religiös Institutionelle sein kann."[11]

Im noch weiteren Zusammenhang wird deutlich, dass es Karl Rahner wegen der Auflösung oder des Wegfalls eines wie auch immer gearteten homogenen religiösen Milieus um die Gottesfrage und die Fähigkeit des Menschen geht, Gott zu erleben, der manchmal bestenfalls noch deswegen bemüht werde, „um", wie er sagt, „die ,Löcher zu stopfen', die wir in der Unzulänglichkeit unseres Daseins entdecken"[12].

Das war die Ouvertüre. Ich kann meine theologische Sozialisation nicht verleugnen. Gotteserfahrung, Jesus der Christus, Mystagogie, Mystik der offenen Augen, Diaspora – das wären einige Stichwörter, die damit in Verbindung gebracht werden. Und was hat das alles mit Papst Franziskus zu tun?

2. Christlich leben in der Welt von heute: Impulse von Papst Franziskus

Der Papst „vom anderen Ende der Welt" ist kein Professor Dr. Papst wie sein unmittelbarer Vorgänger. Er ist Hirte, er predigt Tag für Tag im Gästehaus Santa Marta[13]. Er spricht die Menschen direkt an, er tröstet, er richtet auf, er motiviert, er fragt aber auch kritisch nach.

Im Interview mit Antonio Spadaro SJ vom August 2013 hieß es:

„Ich sehe ganz klar, […] dass das, was die Kirche heute braucht, die Fähigkeit ist, die Wunden zu heilen und die Herzen der Menschen zu wärmen – Nähe und Verbundenheit. Ich sehe die Kirche wie ein Feldlazarett nach einer Schlacht. Man muss einen schwer Verwundeten nicht nach Cholesterin oder nach hohem Zucker fragen. Man muss die

Wunden heilen. Dann können wir von allem anderen sprechen."[14]

Alles andere braucht es auch. Der Papst kann die Kirche nicht neu erfinden. Er streicht nicht einfach Dogmen und wirbt für eine Art „Christentum light". Aber er setzt Schwerpunkte; Schwerpunkte, nicht nur Akzente. Und da fallen ständig die Worte „Barmherzigkeit" und „Zärtlichkeit". Manche können sie schon nicht mehr hören.

Die „Kopfwäsche", die er Kurienbischöfen und -kardinälen in seiner Weihnachtsansprache verpasst hat, gefällt uns natürlich. Wenn anderen der Kopf gewaschen wird, trifft es mich nicht. Ob man nun von Gardinenpredigt oder Kapuzinerpredigt spricht, ist ja egal. Ich denke: Wenn der Aufsichtsratsvorsitzende von IBM Österreich oder der ÖBB-Generaldirektor so zu Mitarbeiterinnen und Mitarbeitern sprechen würde, wäre das nicht sehr motivierend – und schon gar nicht an Weihnachten. Andererseits: Hört man sonst überhaupt hin?

Wer statt „Kurie" bzw. „Verwaltung" Pfarrei einsetzt oder Schule oder Krankenhaus oder GCL-Gruppe, was auch immer, wird merken: Da sind nicht nur Kurienbeamte angesprochen. Es heißt ja am Ende:

„Brüder, diese Krankheiten und Versuchungen sind natürlich eine Gefahr für jeden Christen und für jede Kurie, Gemeinschaft, Kongregation, Pfarrei und kirchliche Bewegung, und sie können auf individueller wie auf gemeinschaftlicher Ebene auftreten."[15]

Papst Franziskus nimmt alle mit ins Boot. Er zeigt nicht auf „die Anderen". Er möchte, dass ich mich angesprochen, betroffen fühle – und handle. Der Unsterblichkeitswahn, der Martalismus, die geistlich-geistige Versteinerung, spiritueller Alzheimer, schlechte Koordination, schizophrene Existenz, Geschwätz-Tratsch-Klatsch, Gleichgültigkeit, Trauermiene ... und wie er sie alle genannt hat, die Krankheiten und Versuchungen: Was davon stelle ich bei mir fest – als Realität, als Versuchung, als aktuelle oder vergangene Erfahrung?

Ich habe mich selber ertappt gefühlt, nicht zum ersten Mal, und diesmal ganz deutlich bei der Krankheit 13, der des Hortens und Sammelns, wo der Papst von den Jesuiten als der „leichten Kavallerie der Kirche" spricht und von einem Mitbruder, der mit einem LKW seine Siebensachen transportieren musste. Bei meinem Umzug von Innsbruck nach München reichte ein PKW auch nicht, und als ich im April 2014 vom Berchmanskolleg nach Sankt Michael kam, erst recht nicht.

Ja, ich fühle mich angesprochen – und ertappt, sehr oft. Und ich denke über die eingängigen Bilder des Papstes nach, bis hinein in die Gewissenserforschung. Moralisiert der Papst? Ich glaube nicht. Aber er fragt an, kritisch, er fragt nach, kritisch – und so will er christliche Existenz zukunftsfähig, alltagstauglich, auskunftsfähig, glaubwürdig machen, ja, auch: attraktiv. Wir sollen echt sein. „Bist du nur dabei oder machst du mit?" hat er in einer seiner Morgenpredigten gefragt. Lehnstuhlkatholizismus nach der Art von *Waldorf* und *Statler*, den beiden älteren Herren aus der populären *Muppet-Show*, die von ihrer Loge aus das Geschehen auf der Bühne beobachten und alles und jeden mit ihren sarkastischen Bemerkungen kommentieren – das ist nicht die Sache von Papst Franziskus. Aber es ist natürlich eine bequeme Haltung. Zuschauen, abwarten, kommentieren, kritisieren. Es ist im Übrigen die Krankheit neun, von der er sprach:

„Die Krankheit des Geredes, des Gemunkels und des Tratsches. Von dieser Krankheit habe ich schon viele Male gesprochen, aber nie genug. Es ist eine schwere Krankheit, die ganz einfach beginnt – vielleicht nur, um ein kleines Schwätzchen zu halten – und sich dann des Menschen bemächtigt, ihn zum ‚Unfriedenstifter‘ (wie Satan) macht und in vielen Fällen zum ‚kaltblütigen Urheber von Rufmord‘ der eigenen Kollegen und Mitbrüder. Es ist die Krankheit der Feiglinge, die nicht den Mut besitzen, etwas unmittelbar anzusprechen und daher hinter dem Rücken reden. Der heilige Paulus ermahnt uns: ‚Tut alles ohne Murren und Bedenken, damit ihr rein und ohne Tadel seid‘ (Phil 2,14-15). Brüder, hüten wir uns vor dem Terrorismus des Geredes!"

Ihnen ist sicher aufgefallen, dass der Papst immer Schriftbelege anführt für seine Kritik. Er lebt aus der Heiligen Schrift und der Betrachtung. Typisch jesuitisch, kann man sagen. Sonst wären seine Beobachtungen wirklich arrogant.

Bei seinen Reformbemühungen auf den verschiedensten Ebenen, strukturell wie spirituell, beruft er sich übrigens wiederholt darauf: Ich führe nur aus. Am 9. Juli 2014 sagte er in einem Interview für die katalanische Zeitschrift „La Vanguardia":

„Ich bin kein Wahrsager. Ich habe kein persönliches Projekt mitgebracht und zwar ganz einfach deshalb, weil ich niemals daran gedacht habe, dass man mich hier im Vatikan behalten würde. Das wissen alle. Ich bin mit kleinem Ge-

päck gekommen, um (nach dem Konklave) sofort wieder nach Buenos Aires zurückzukehren. Ich tue, was ich tue nur, um das umzusetzen, was wir Kardinäle bei den Generalkongregationen überlegt haben, das heißt bei den täglichen Versammlungen, die wir während des Konklave abhielten, um die Probleme der Kirche zu diskutieren. Daraus ergaben sich Überlegungen und Empfehlungen."[16]

Das ist natürlich schlau. Hier bindet der Papst die Kardinäle ein. Er erinnert sie daran: Wir haben über Vieles gesprochen, ich führe das jetzt aus. Da sich spürbar Widerstand regt, da sich Fraktionen bilden, die dem Papst widersprechen oder gegen ihn arbeiten, mehr oder weniger offen und direkt, ist es wichtig, dies in Erinnerung zu rufen. Die Synode im vergangenen Oktober hat das ja gezeigt. Er selber war im Übrigen gar nicht überrascht darüber, dass die Schlussrelatio viel weniger offen ausfiel als die Zwischenrelatio. „Ich persönlich wäre sehr besorgt und betrübt", so der Papst in seiner Schlussansprache, „hätte es diese Versuchungen und diese lebhaften Diskussionen nicht gegeben, diese Regungen des Geistes, wie sie der heilige Ignatius nennt (*Geistliche Übungen*, 6), und wenn alle sich einig oder schweigsam gewesen wären in einem falschen und quietistischen Frieden. Mit Freude und Dankbarkeit habe ich dagegen Redebeiträge und Wortmeldungen voller Glauben gehört, voller Einsatz für Pastoral und Lehre, voll Weisheit, Offenheit, Mut und *Parrhesia*."[17]

„Evangelii gaudium", das Apostolische Schreiben vom Christkönigsonntag 2013 wurde weithin als „Regierungserklärung", als „roadmap" dieses Pontifikats bezeichnet, begleitet, ja orchestriert von vielen Einzeläußerungen.[18]

Ich glaube schon, dass dieser Text, der sich schon rein semantisch an die Pastoralkonstitution „Gaudium et spes" (1965) und an das Apostolische Schreiben „Evangelii nuntiandi" (1975) Pauls VI. anlehnt, die dichteste Zusammenfassung dessen ist, was der Papst in Ansprachen und Exhorten, in Interviews und bei Begegnungen einzeln anspricht.

Ich halte „Evangelii gaudium" für eine prophetische Schrift, spirituell wie theologisch dicht, ausufernd lang, das ist natürlich typisch lateinamerikanisch – es ist sehr viel und sehr viel Verschiedenartiges hineinverpackt oder hineingestopft, bis hin zu konkreten Anweisungen für die Predigtvorbereitung. Ich glaube, das Schreiben ist viel wichtiger als die mit vier Händen geschriebene Enzyklika „Lumen fidei" vom Juli 2013, weil diese wohl zu über 90 Prozent auf einen Entwurf von Benedikt XVI. zurückgeht. Auch „Evangelii gaudium" ist ein theologisches Dokument mit starken pastoralen Zügen, in den Beschreibungen aufrüttelnd, in den Beispielen praktisch-pragmatisch, für mich auch eine geistliche Lektüre, eine Gewissenserforschung für Kirche und Theologie, ein Spiegel, in den Politik und Gesellschaft letztlich nicht schauen können, ohne sehr nachdenklich zu werden. Man muss sich Zeit nehmen dafür. Kein Stein bleibt auf dem anderen! Und man höre und staune: Der Papst verordnet der Kirche Reformen auf allen Ebenen. Sich selbst, den Petrusdienst, nimmt er dabei nicht aus. Jan-Heiner Tück schrieb seinerzeit in der „Neuen Zürcher Zeitung": „Die Wende nimmt Gestalt an."[19] Oder der Chefredakteur von Domradio Köln, Ingo Brüggenjürgen:

„Wer bis dato unterstellt hatte, dieser Papst sei ein freundlicher, tapsiger, lieber und altvertrauter Teddypapst zum Kuscheln und Anfassen, mit netten Gesten für die Medien, der darf sich verwundert die Augen reiben: Dieser Mann meint es wirklich ernst mit der Nachfolge Christi und seiner Frohen Botschaft."[20]

Ich muss Ihnen dieses Schreiben in seiner Gänze nicht vorstellen. Sie wissen: Es geht um missionarische Pastoral. Sie wissen, dass Papst Franziskus darin betont, dass sein Lehrschreiben „programmatische Bedeutung hat und wichtige Konsequenzen beinhaltet" (EG 25)[21]. Man kann es nicht abtun als das Sammelsurium eines argentinischen Seelsorgers, der keine Ahnung von Weltkirche und ihrer Dynamik hätte. Auch das ist passiert.

Ohne jeden Zweifel: Dieser Papst ist eine permanente Zumutung – fürs Establishment, das kirchliche ebenso wie das politische und gesellschaftliche, das sich mit Phrasen und Deklarationen begnügt, um danach mehr oder weniger so weiterzumachen wie bisher. Denken Sie an das Wort von der „Globalisierung der Gleichgültigkeit"[22] auf Lampedusa im Juli 2013. Hat die EU ihre Flüchtlings-, ihre Einwanderungs- und ihre Migrationspolitik deswegen geändert? Dieser Papst schwingt keine Sonntagsreden. Es geht ihm nicht um Schlagwörter und Schlagzeilen. Er will Glauben alltagstauglich machen, „anschlussfähig" – auch im Dialog mit Nicht-Glaubenden, mit Randständigen, Enttäuschten und Frustrierten, mit Verletzten, auch mit denen, die durch die Kirche verletzt und gedemütigt wurden und allen Grund hätten, sich von ihr ganz abzuwenden.

2.1 Aus der Begegnung heraus

Es ist bezeichnend, dass Papst Franziskus ganz am Anfang, in Nr. 7, betont:

„Ich werde nicht müde, jene Worte Benedikts XVI. zu wiederholen, die uns zum Zentrum des Evangeliums führen: ‚Am Anfang des Christseins steht nicht ein ethischer Entschluss oder eine große Idee, sondern die Begegnung mit einem Ereignis, mit einer Person, die unserem Leben einen entscheidenden Horizont und damit seine entscheidende Richtung gibt.'" (EG 7)

Da sind wir bei Karl Rahner: Christentum = Jesus Christus. Und bei Joseph Ratzingers Formulierung aus der Enzyklika „Deus caritas est" von 2005!

Christlich leben bedeutet zuerst und zuletzt, aus der Beziehung zu Jesus dem Christus heraus leben. Das auch deutlich werden zu lassen. Die Gegenerfahrung ist in der Nummer zuvor beschrieben: „Es gibt Christen, deren Lebensart wie eine Fastenzeit ohne Ostern erscheint." (EG 6) Bei den 15 Krankheiten ist das die zwölfte:

„Die Krankheit der Totengräbermiene. Es ist die Krankheit der Mürrischen und Griesgrämigen, die meinen, um seriös zu sein, müsse man ein trübsinniges, strenges Gesicht aufsetzen und die anderen – vor allem die, welche man niedriger einstuft – mit Strenge, Härte und Arroganz behandeln. In Wirklichkeit sind theatralische Strenge und steriler Pessimismus oft Symptome von Angst und mangelndem Selbstvertrauen. Der Apostel muss sich bemühen, ein freundlicher, unbeschwerter, begeisterter und fröhlicher Mensch zu sein, der Freude verbreitet, wo immer er sich befindet. Ein von Gott erfülltes Herz ist ein glückliches Herz, das Freu-

de ausstrahlt und alle in seiner Umgebung damit ansteckt: Das sieht man sofort! Verlieren wir also nicht jenen fröhlichen, humorvollen Geist, der sogar zur Selbstironie fähig ist und der die Menschen auch in schwierigen Situationen liebenswürdig sein lässt. Wie gut tut uns eine großzügige Dosis gesunden Humors!"[23]

Dass diejenigen, die sich Christen nennen, mit Jesus dem Christus zu tun haben, das muss rüberkommen, durchscheinen, das muss unsere Duftmarke sein, unsere Visitenkarte, unser genetischer Code, unsere spirituelle DNA. Und Papst Franziskus ist da ganz und gar realistisch:

„Ich lade jeden Christen ein, gleich an welchem Ort und in welcher Lage er sich befindet, noch heute seine persönliche Begegnung mit Jesus Christus zu erneuern oder zumindest den Entschluss zu fassen, sich von ihm finden zu lassen, ihn jeden Tag ohne Unterlass zu suchen […]. Nichts soll stärker sein als sein Leben, das uns vorantreibt!" (EG 3)

Das Leben Jesu, heißt es im Jahr 1518 in seiner theologischen Methodenlehre bei Erasmus von Rotterdam im Übrigen, ist stärker als jedes Dogma, aussagekräftiger, einladender, effizienter, eindringlicher als jedes System, das sich darauf aufbaut: „Quamquam nulla doctrina efficacior, quam ipsius [i. e. Iesu] vita."[24] Es gibt kein Christentum ohne Bezug auf Jesus den Christus!

Noch einmal: Das ist das Grundlegende für christliche Existenz. Sonst bricht alles andere zusammen. Und das ist eine tägliche Herausforderung und das Gebot einer täglichen Einübung!

2.2 An den Rändern oder: Vom Zentrum an die Peripherie

Über die Peripherie, das Gehen an die Ränder, habe ich bereits eingangs gesprochen. Papst Franziskus schickt die Kirche an die Ränder. „Raus aus der Komfortzone"[25], hat das Ute Eberl, neben Kardinal Reinhard Marx die einzige deutsche Teilnehmerin (Auditrix) an der Synode im vergangenen Oktober, ausgedrückt. Im Vorkonklave hieß das so:

„[Die Kirche] ist aufgerufen, aus sich selbst herauszugehen und an die Ränder zu gehen. Nicht nur an die geographischen Ränder, sondern an die Grenzen der menschlichen Existenz: die des Mysteriums der Sünde, die des Schmerzes, die der Ungerechtigkeit, die der Ignoranz, die der fehlenden religiösen Praxis, die des Denkens, die jeglichen Elends."[26]

Das ist alles nicht neu. Der Papst hat seine pastorale Vision nicht am 13. März 2013 neu entwickelt oder erst begonnen. Er hat dieses Motiv, wie eingangs erwähnt, schon 2005 in einer Katechese in Buenos Aires erwähnt. Fragen Sie sich einfach, was das für Sie heißt, dort, wo die Geschichte, die eigene Lebenswahl, ein Bischof, Umstände, Zufälle Sie hingestellt haben: Wo muss ich rausgehen, Grenzen überschreiten?

2.3 Konzentration auf das Wesentliche

Damit verbunden ist die Frage, ob wir Prioritäten setzen als Christen, Wichtiges von weniger Wichtigem unterscheiden können:

„Eine missionarische Verkündigung konzentriert sich auf das Wesentliche, auf das Nötige. Das ist auch das, was am

meisten anzieht, was das Herz glühen lässt – wie bei den Jüngern von Emmaus. Wir müssen also ein neues Gleichgewicht finden [...]"[27].

In solchen Zusammenhängen erinnert der Papst permanent an die „Hierarchie der Wahrheiten" aus dem Ökumenedekret des Zweiten Vatikanischen Konzils (Unitatis Redintegratio, 11). In „Evangelii gaudium" heißt es:

„Wenn man ein pastorales Ziel und einen missionarischen Stil übernimmt, der wirklich alle ohne Ausnahmen und Ausschließung erreichen soll, konzentriert sich die Verkündigung auf das Wesentliche, auf das, was schöner, größer, anziehender und zugleich notwendiger ist. Die Aussage vereinfacht sich, ohne dadurch Tiefe und Wahrheit einzubüßen, und wird so überzeugender und strahlender." (EG 35)

Und weiter:

„In diesem Sinn hat das Zweite Vatikanische Konzil gesagt, dass es eine Rangordnung oder Hierarchie der Wahrheiten innerhalb der katholischen Lehre gibt, je nach der verschiedenen Art ihres Zusammenhangs mit dem Fundament des christlichen Glaubens'". (EG 36)

2.4 Wunden heilen – unten anfangen

Diese Konzentration zielt zunächst auf das Heilen von Wunden, ein Motiv, das sich von Anfang an bei Papst Franziskus findet, schon im Spadaro-Interview (vgl. 47 f.). Strukturfragen, Pastoralpläne und Pastoralstrategien: Alles wichtig. Aber vergessen wir darüber manchmal nicht auch das zunächst Notwendige und Not Wendende? Christliche Existenz hat mit Begegnung zu tun. Wem begegnen wir? Anrufbeantwortern? Papieren? Strategieentwürfen? Hirtenworten? Erlässen? Vervielfachen Sie die Beispiele selbst! Manchmal habe ich den Eindruck, die oberste Frage eines Bischofs ist: Wie viele Priester habe ich im Jahr 2020 oder 2030? Und dann wird nach diesem Personalschlüssel gedacht und geplant. Das setzt von oben an. Der Papst setzt unten an! Er schaut auf die Wunden und die Verwundeten, auf die Erfahrung und die Praxis. Die wird dann natürlich reflektiert, gegebenenfalls führt sie vielleicht sogar zur Korrektur von Lehre oder Theologie.

2.5 Neue Wege oder: Kirche im Aufbruch

Der Papst geht andere Wege, er appelliert an anderes:

„Statt nur eine Kirche zu sein, die mit offenen Türen aufnimmt und empfängt, versuchen wir, eine Kirche zu sein, die neue Wege findet, die fähig ist, aus sich heraus und zu denen zu gehen, die nicht zu ihr kommen, die ganz weggegangen oder die gleichgültig sind. […] Es braucht Mut und Kühnheit."[28]

In „Evangelii gaudium" liest es sich so:

„‚Primerear – die Initiative ergreifen‘: Entschuldigt diesen Neologismus! Die evangelisierende Gemeinde spürt, dass der Herr die Initiative ergriffen hat […] und deshalb weiß sie voranzugehen, versteht sie, furchtlos die Initiative zu ergreifen, auf die anderen zuzugehen, die Fernen zu suchen und zu den Wegkreuzungen zu gelangen, um die Ausgeschlossenen einzuladen. Sie empfindet einen unerschöpflichen Wunsch, Barmherzigkeit anzubieten […]. Wagen wir ein wenig mehr, die Initiative zu ergreifen! Als Folge weiß die Kirche sich ‚einzubringen' […] So haben die Evangeli-

sierenden den ‚Geruch der Schafe', und diese hören auf ihre Stimme. Die evangelisierende Gemeinde stellt sich also darauf ein, zu ‚begleiten'." (EG 24)

Eine der Stellen, die ich für ein theologisches und pastoraltheologisches Minenfeld halte, ist diese Vision:

„Ich träume von einer missionarischen Entscheidung, die fähig ist, alles zu verwandeln, damit die Gewohnheiten, die Stile, die Zeitpläne, der Sprachgebrauch und jede kirchliche Struktur ein Kanal werden, der mehr der Evangelisierung der heutigen Welt als der Selbstbewahrung dient." (EG 27)

Ein Echtheitskriterium lautet also: Dient, was wir sagen, behaupten, planen, überlegen, der Evangelisierung oder nur der Selbstbestätigung? Papst Franziskus wird sehr konkret:

„Die Seelsorge unter missionarischem Gesichtspunkt verlangt, das bequeme pastorale Kriterium des ‚Es wurde immer so gemacht' aufzugeben. Ich lade alle ein, wagemutig und kreativ zu sein in dieser Aufgabe, die Ziele, die Strukturen, den Stil und die Evangelisierungs-Methoden der eigenen Gemeinden zu überdenken." (EG 33)

Und, auch so ein vielzitiertes Bild:

„Eine Kirche ‚im Aufbruch' ist eine Kirche mit offenen Türen. Zu den anderen hinauszugehen, um an die menschlichen Randgebiete zu gelangen, bedeutet nicht, richtungs- und sinnlos auf die Welt zuzulaufen. Oftmals ist es besser, den Schritt zu verlangsamen, die Ängstlichkeit abzulegen, um dem anderen in die Augen zu sehen und zuzuhören, oder auf die Dringlichkeiten zu verzichten, um den zu begleiten, der am Straßenrand geblieben ist." (EG 46)

Erreicht meine Tätigkeit als Pfarrer, als Religionslehrerin, als Streetworker, als Exerzitienbegleiter die am Straßenrand? Oder überlasse ich das der Caritas, dem Jesuiten Georg Sporschill, anderen Beauftragten oder Berufenen?

„Häufig", so Papst Franziskus, „verhalten wir uns wie Kontrolleure der Gnade und nicht wie ihre Förderer. Doch die Kirche ist keine Zollstation, sie ist das Vaterhaus, wo Platz ist für jeden mit seinem mühevollen Leben." (EG 47)

Und dann, zum Überdruss zitiert:

„Brechen wir auf, gehen wir hinaus, um allen das Leben Jesu Christi anzubieten! […] Mir ist eine ‚verbeulte' Kirche, die verletzt und beschmutzt ist, weil sie auf die Straßen hinausgegangen ist, lieber, als eine Kirche, die aufgrund ihrer Verschlossenheit und ihrer Bequemlichkeit, sich an die eigenen Sicherheiten zu klammern, krank ist." (EG 49)

Sie sehen: Das Aufbruchs-Motiv aus dem Vorkonklave taucht wieder und wieder auf. Aufbrechen, an die Ränder gehen, sich an die Peripherien wagen, ist riskant, es kann gefährlich, subversiv werden, vielleicht Sympathien, Freundschaften, ja strategische Allianzen kosten. Deswegen kann das auch nur gelingen aus einer tiefen Erfahrung heraus:

„Heute, da die Netze und die Mittel menschlicher Kommunikation unglaubliche Entwicklungen erreicht haben, spüren wir die Herausforderung, die ‚Mystik' zu entdecken und weiterzugeben, die darin liegt, zusammen zu leben, uns unter die anderen zu mischen, einander zu begegnen, uns in den Armen zu halten, uns anzulehnen, teilzuhaben an dieser etwas chaotischen Menge, die sich in eine wahre Erfahrung von Brüderlichkeit verwandeln kann, in eine solidarische Karawane […]." (EG 87)

Ich spare mir weitere Kommentare. Die Vision von Papst Franziskus im O-Ton:

„Die Kirche muss der Ort der ungeschuldeten Barmherzigkeit sein, wo alle sich aufgenommen und geliebt fühlen können, wo sie Verzeihung erfahren und sich ermutigt fühlen können, gemäß dem guten Leben des Evangeliums zu leben." (EG 114)

Oder, weitere Einsichten, die keines Kommentars bedürfen:

„Die neue Evangelisierung muss ein neues Verständnis der tragenden Rolle eines jeden Getauften einschließen. […] Jeder Christ ist in dem Maß Missionar, in dem er der Liebe Gottes in Jesus Christus begegnet ist; […] Wenn wir nicht überzeugt sind, schauen wir auf die ersten Jünger, die sich unmittelbar, nachdem sie den Blick Jesu kennen gelernt hatten, aufmachten, um ihn voll Freude zu verkünden: ‚Wir haben den Messias gefunden' (Joh 1,41)." (EG 120)

„Die Zeit ist mehr wert als der Raum." (EG 222)

„Dem Raum Vorrang geben bedeutet sich vormachen, alles in der Gegenwart gelöst zu haben und alle Räume der Macht und der Selbstbestätigung in Besitz nehmen zu wollen. Damit werden die Prozesse eingefroren. Man beansprucht, sie aufzuhalten. Der Zeit Vorrang zu geben bedeutet sich damit zu befassen, Prozesse in Gang zu setzen anstatt Räume zu besitzen." (EG 223)

„Der erste Beweggrund, das Evangelium zu verkünden, ist die Liebe Jesu, die wir empfangen haben; die Erfahrung, dass wir von ihm gerettet sind, der uns dazu bewegt, ihn immer mehr zu lieben. Aber was für eine Liebe ist das, die nicht die Notwendigkeit verspürt, darüber zu sprechen, geliebt zu sein, und dies zu zeigen und bekannt zu machen?

Wenn wir nicht den innigen Wunsch verspüren, diese Liebe mitzuteilen, müssen wir im Gebet verweilen und ihn bitten, dass er uns wieder eine innere Ergriffenheit empfinden lässt." (EG 264)

„Wir haben einen Schatz an Leben und Liebe, der nicht trügen kann, eine Botschaft, die nicht manipulieren noch enttäuschen kann. Es ist eine Antwort, die tief ins Innerste des Menschen hinab fällt und ihn stützen und erheben kann." (EG 265)

Ich gebe schon zu: Das ist nicht hohe Theologie, fein formuliert, schicke Phrasen aufnehmend, die en vogue sind. Papst Franziskus erinnert vor allem: Er erinnert an einfache Wahrheiten, an Ahnungen auch, die wir ohnehin haben, er entgeht so, denke ich, dem, was Paul Michael Zulehner einmal die „Professionalisierungsfalle" genannt hat.

2.6 Versuch und Irrtum

Wer diesen Weg mitgeht, wer sich darauf einlässt, kann Fehler machen, vielleicht sogar scheitern. Ansehen einbüßen. Konflikte riskieren. Um der Menschen und um einer menschenfreundlichen Kirche willen! Das Prinzip „trial and error" gilt auch für die Kirche, für Missionierung. Zu Ordensoberen sagte Papst Franziskus im Juli 2013:

„Ihr werdet Fehler machen, ihr werdet anderen auf die Füße treten. Das passiert. Vielleicht wird sogar ein Brief von der Glaubenskongregation bei euch eintreffen [...]. Erklärt, wo ihr meint erklären zu müssen, aber macht weiter. Mir ist eine Kirche lieber, die etwas falsch macht, weil sie überhaupt etwas tut, als eine Kirche, die krank wird, weil sie

sich nur um sich selbst dreht."[29] (CLAR – Confederación La-tinoamericana y Caribeña de Religiosos y Religiosas, 6. Juli 2013)

Im Interview noch als Erzbischof hört sich das so an:

„Einer Kirche, die sich nur darauf beschränkt, die Arbeit in einer Pfarrei zu verwalten, die sich in ihrer eigenen Gemein-schaft einigelt, wird das Gleiche passieren, wie jemandem, der eingesperrt ist. Er verkümmert physisch und mental. Oder er verfault, wie ein abgeschlossenes Zimmer, in dem sich Moder und Feuchtigkeit ausbreiten. Einer auf sich selbst bezogenen Kirche geschieht das gleiche wie einer auf sich selbst bezogenen Person: Sie wird psychotisch und autis-tisch. [...] Aber ich ziehe eine Kirche mit Unfallrisiko tau-sendmal einer kranken Kirche vor. Mit anderen Worten: Ich glaube, dass eine Kirche, die sich nur auf das Verwalten beschränkt, um ihre kleine Herde zu bewahren, eine Kirche ist, die auf lange Sicht krank wird."[30]

Und weiter:

„Fest steht, dass wir früher mit einer stabileren Gesellschaft rechnen konnten, in kirchlichem Sprachgebrauch mit ,treu-en Gläubigen', die den Glauben ,geerbt' hatten und die mehr oder weniger den Vorgaben der Kirche folgten. Heute ist der ,religiöse Markt' wettbewerbsorientiert, und die Leu-te sind kritischer gegenüber religiösen Orientierungen."[31]

Diese Zitate ließen sich nun durch x-beliebig viele ande-re vermehren. Das Anstrengende ist ja gerade, dass der Papst aus einem großen Fundus schöpft. Dass er origi-nelle Bilder findet oder kreiert, die theologisch manch-mal schräg erscheinen, jedenfalls auf den ersten Blick. Aber er spitzt Dinge zu, er problematisiert, er verdichtet.

Christsein hat für ihn mit einer „Wahl" zu tun, ignatianisch gesprochen. Papst Franziskus will die Mentalität aufbrechen, es gehe um eine Sonntagsbeschäftigung. Christliche Existenz legt sich an, sie riskiert Konflikte. Was heißt das in unseren Breitengraden? Begegnung, Ränder, Konzentration, Aufbruch, Initiative, Barmherzigkeit, Offene Türen, Wagnis, Risiko, Heilen – das wären Stichwörter, die damit in Verbindung gebracht werden können.

3. Konsequenzen?

Welche Konsequenzen sind daraus zu ziehen? Ich möchte sie nur stichwortartig auflisten, und sie sind gewiss nicht vollständig. Aber die Feinanalyse ist ja bereits an den beiden vorangegangenen Tagen erfolgt in den Referaten der Professorinnen und Professoren.

3.1 Christsein in der Moderne: Diaspora-Christentum

Christliche Existenz wird sich mehr und mehr als Diaspora-Christentum verstehen.[32] Wir sind längst eine Minderheit, die Zahlen täuschen darüber vielleicht noch hinweg. In vielen Städten gibt es nicht einmal mehr eine 50 Prozent-Mehrheit.[33]

Auskunft und Rechenschaft geben kann ein *Mission-Statement*, ein Profil. Anderseits verführt eine Profildebatte dazu, nach den Hundertprozentigen zu suchen. Viele Menschen bleiben Zaungäste, sie kommen und gehen, sie wollen sich nicht binden. Auch das gehört zur Pastoral von morgen und zu christlicher Existenz. Willkommen geheißen werden Menschen nicht, wenn sie abfällig als

„Weihnachtschristen" tituliert werden.[34] Wenn sie schräg angeschaut werden, weil sie Kirche nur in Anspruch nehmen wollen mit ihren Serviceleistungen an den Schnittpunkten Geburt und Tod oder dazwischen bei Lebensabschnittsritualen. Unsere sakramentale Architektur darf sich weiter entwickeln.[35] Und sie muss sich weiter entwickeln!

3.2 Kontrastgesellschaft: Kultur der Achtsamkeit

Ordensleben, Ordensexistenz wurde einmal mit dem Begriff „Kontrastgesellschaft" (Gerhard Lohfink) belegt. Christliche Existenz hat mit Kontrastgesellschaft zu tun. Wir müssen nicht jede Mode mitmachen. Können es gar nicht. Zur Profilschärfung gehört auch: Da und da kann ich nicht mitmachen, dem und jenem muss ich mich verweigern – weil ich Christ bin.

Das führt in Konflikte: in Gesellschaft und in Politik. Und wird zeigen, dass wir eine Minderheit sind.

3.3 Glaube und Lebenstüchtigkeit

Glaube, christliche Existenz muss auch auskunftsfähig sein, benennbar. Sie sollte Rechenschaft geben können nach 1 Petr 3,15 – sonst besteht die Gefahr des Esoterischen. Und: Christliche Existenz hat mit „Lebenstüchtigkeit" zu tun und mit „Lebensweisheit". Christen sind wache Menschen, aufmerksame Menschen, sensible, feinfühlige Menschen – mit oder ohne gefaltete Hände. Es gibt ja auch eine verkrampfte, abgewürgte Spiritualität, das kennen wir alle. Und mir fällt da immer Friedrich

Nietzsche ein: Christen dürften schon etwas erlöster in die Welt schauen. Spiritualität ist, kurz und knapp gesagt, „gläubiger Umgang mit Realität" (Willi Lambert SJ).

Am besten ausgedrückt finde ich es in dem Buchtitel von Christian Rutishauser SJ: „Vom Geist ergriffen dem Zeitgeist antworten"[36] – das ist eine Umschreibung dessen, was Spiritualität, was christlichen Glauben, was christliche Existenz ausmacht, was sie bewirkt, wozu sie führt und befähigt. Christen hören auf den Geist Gottes. Und sie fragen: Was heißt das für mich? Für meine Lebenswahl? Für meine Glaubenswahl?

3.4 „Primat des Lebens vor der Lehre"

In seinem einflussreichen Apostolischen Schreiben „Evangelii nuntiandi" kommt Paul VI. mehrmals auf das Zeugnisgeben zu sprechen. In Nr. 41 schreibt er, aus einer Ansprache an Mitglieder des Laienrates vom 2. Oktober 1974 zitierend:

„,Der heutige Mensch', so sagten wir kürzlich zu einer Gruppe von Laien, ,hört lieber auf Zeugen als auf Gelehrte, und wenn er auf Gelehrte hört, dann deshalb, weil sie Zeugen sind'"[37].

Papst Franziskus spricht von Christen oft als von Aposteln. Wir sind Zeugen. Wir sollen Zeugnis geben. Wovon? Und wie? Fragen Sie sich!

„Auch in dieser Zeit ziehen die Menschen vor, die Zeugen zu hören: Man ,verlangt geradezu nach Echtheit' und ,fordert Verkünder, die von einem Gott sprechen, den sie selber kennen und der ihnen so vertraut ist, als sähen sie den Unsichtbaren'" (EG 150).

Der Primat des Lebens vor der Lehre, der Orthopraxie vor der Orthodoxie, der Mystik vor der Politik scheint mir dabei evident zu sein. Für die Anwerbung neuer Christen bedeutet das:

„Eine Seelsorge unter missionarischem Gesichtspunkt steht nicht unter dem Zwang der zusammenhanglosen Vermittlung einer Vielzahl von Lehren, die man durch unnachgiebige Beharrlichkeit aufzudrängen sucht." (EG 35)

3.5 Mystagogische Einweisungen: Lernfelder, Orte, Einübung

Lange habe ich mich gewehrt gegen die Vokabel von der christlichen Lebensführung und christlichen Lebensgestaltung. Erkennbar sind wir aber auch an einer christlichen Lebenskultur – ich verdanke wesentliche Impulse meinem Mitbruder Willi Lambert SJ, dessen einschlägiges Buch ich nachdrücklich empfehle[38]. Das schließt manches ein und anderes aus. Sonntagsgestaltung – das ist nicht nur eine Frage des Kirchgangs.[39] Wie gehen wir mit Zeit um? Mit geprägten Zeiten? Warum muss ich ständig erreichbar sein? Warum checke ich E-Mails auch am Samstag und am Sonntag? Ich stehe nicht an zu bekennen, dass ich das von einem Pfarrer gelernt habe, einem Studienfreund, der, wie mir scheint, ignatianischer „geeicht" ist als ich selber und von dem ich, nicht nur in Krisenzeiten, viel gelernt habe; vielleicht wäre ich ohne ihn nicht mehr Jesuit.

Die praktischen Beispiele lassen sich leicht vervielfachen: Lebe ich oder werde ich gelebt? Wo sind Zeiten und Orte des Aufatmens (vgl. Apg 3,20), des Rückzugs, der progressiven Regression, des Innehaltens? Kirche und kirchliche Gemeinschaften haben dabei Beispielcharakter. Wir müssen Orte und Biotope schaffen, wo diese Haltungen eingeübt, wieder gefunden werden können. Im Kleinen wie im Großen. Die „fünfte Woche" der ignatianischen Exerzitien, die klassischerweise in vier Wochen eingeteilt werden, ist das Leben, der Alltag. Dort bewährt sich das in der Zurückgezogenheit von Exerzitien Eingeübte und Gelernte. Exerzitien sind als geprägte Zeiten ja oft nichts anderes als Alltag in Zeitlupe.

Mit dem Wort „Einübung" verbindet sich „Mystagogie": Einweisungen in Erfahrungen. Liturgische Erfahrung, ohne dabei pädagogisiert zu werden. Gotteserfahrung – der „Fromme von morgen" ist gemeint, Karl Rahners prophetisches Wort.

Ich breche hier ab. Die Analyse scheint mir auf der Hand zu liegen. Die Therapie muss individuell sein. Wir stürzen uns oft viel zu schnell auf „Betriebsanleitungen" und meinen, mit der einen oder anderen kleinen Änderung ließen sich große Wirkungen erzielen. Es geht um sehr bewusste Entscheidungen, die auch Verzicht auf Gewohntes oder Bewährtes nach sich ziehen, wenn sie wirklich ernst gemeint sind.

4. Postludium: „Weckt die Welt auf! Seid Zeugen eines anderen Handelns!"
(Papst Franziskus, November 2013)

Der Satz ist für mich zum Ohrwurm geworden, und ich glaube, obwohl er zunächst 120 Ordensoberen (am Ende der 82. Generalversammlung der männlichen Generaloberen), im November 2013, gilt, ist er übertragbar auf christliche Existenz im Allgemeinen:

„Kirche muss attraktiv sein. Weckt die Welt auf! Seid Zeugen eines anderen Handelns!"[40]

Mit seinem Appell knüpfte Franziskus an Ausführungen seines Vorgängers Benedikt XVI. an (vgl. dessen Predigt vom 13. Mai 2007). Dieser sagte, Franziskus zitiert ihn, dass die Kirche „durch das Zeugnis wächst, nicht durch Proselytismus". Ein anziehendes Zeugnis sei *„nicht an die gewohnten Haltungen gebunden"*, ergänzte Franziskus. Dabei zu irren, sei menschlich, so der Papst weiter:

„Das Leben ist komplex und besteht aus Gnade und Sünde. Wenn jemand nicht sündigt, ist er kein Mensch. Wir alle irren und müssen unsere Schwächen anerkennen."[41]

Nicht nur Ordenschristen sollen Propheten sein und immer mehr werden.[42] Das gilt für alle Christen: *„Die großen Veränderungen der Geschichte haben sich verwirklicht, wenn die Realität nicht vom Zentrum, sondern vom Rande aus betrachtet wurde"*, so der Papst weiter. Er plädierte hier für einen Blick, der „aus verschiedenen Blickpunkten" die Welt erschließt und schlug vor, „eine Zeit lang an die Peripherie gehen, um wirklich die Realität zu kennen und das Leben der Menschen. Wenn das nicht passiert, riskiert man, abstrakte Ideologen oder Fundamentalisten zu sein, und das ist nicht gesund". Das Hinausgehen an die „existentiellen und geografischen Peripherien" sei der Weg Jesu, erinnerte der Papst. Seine Botschaft sei nicht exklusiv, betonte er weiter: „Habt keine Angst, euch an jeden zu wenden."[43]

Nach der Priorität des Ordenslebens gefragt, betonte der Papst, es gehe darum, tatsächlich „Prophet zu sein" und „nicht nur einen solchen zu spielen". Dabei dürfe auch ruhig einmal „Krach" gemacht werden, so Franziskus: „Prophetie macht Lärm." Das gilt alles genauso fürs Christsein: „Ausbildung ist ein Handwerk, kein Polizeiwerk. Wir müssen das Herz bilden. Sonst schaffen wir kleine Monster. Und diese kleinen Monster schaffen das Volk Gottes. Das verschafft mir wirklich Gänsehaut."[44]

Seid Zeugen eines anderen Handelns – das hat sehr wohl Konsequenzen für mein Tun und mein Lassen. Bei euch kann, bei euch soll es anders sein und anders zugehen ... Beginnen wir damit; glaubwürdiger und letztlich effektiver wird die Freude des Evangeliums und die Freude am Evangelium heute nicht vermittelt!

Ich danke Ihnen für Ihre Aufmerksamkeit!

Anmerkungen

[1] Vgl. <www.stimmen-der-zeit.de>.

[2] Zit. nach: „Die Kirche ist aufgerufen, aus sich selbst herauszugehen". Rede von Jorge Mario Bergoglio an die Kardinäle vor dem Konklave, in: Papst Franziskus, „Und jetzt beginnen wir diesen Weg". Die ersten Botschaften des Pontifikats. Freiburg 2013, 122-124, 122 f.

[3] Jorge Mario Bergoglio SJ / Papst Franziskus, Die wahre Macht ist der Dienst. Mit einer Einführung v. Michael Sievernich SJ. Freiburg 2014, 65-76, 74.

[4] Erwin Kräutler (in Zusammenarbeit mit Josef Bruckmoser), Mein Leben für Amazonien. An der Seite der bedrängten Völker. Innsbruck 2014, 219.

[5] Ebd. 218. – Vgl. auch Erwin Kräutler, Geborgen in der Ungeborgenheit. Bilanz des Bischofs vom Xingu, in: Stimmen der Zeit 232 (2014) 458-272.

[6] Karl Rahner, Die ignatianische Mystik der Weltfreudigkeit, in: ders., Schriften zur Theologie. Bd. 3. Einsiedeln 1956, 329-348, 337 (ursprünglich veröffentlicht in: Zeitschrift für Aszese und Mystik 12 [1937] 121-137); jetzt in: ders., Sämtliche Werke. Bd. 7: Der betende Christ. Geistliche Schriften und Studien zur Praxis des Glaubens [= SW 7]. Bearbeitet v. Andreas R. Batlogg. Freiburg 2013, 279-293, 284. – Der Satz findet sich 1949, mit einer geringfügigen Abweichung in der Schreibweise, in dem Aufsatz „Passion und Aszese", in: ders., Schriften zur Theologie. Bd. 3, 73-104, 93 (ursprünglich in: Geist und Leben 22 [1949] 15-36; jetzt in: SW 7, 326-348, 340). – Jahrzehnte später wird Karl Rahner den sechsten und ausführlichsten Gang seines „Grundkurses" beginnen mit dem Satz: „Wir kommen nun zum schlechthin Christlichen des Christentums, zu Jesus Christus" (Karl Rahner, Sämtliche Werke. Bd. 26: Grundkurs des Glaubens. Studien zum Begriff des Christentums. Bearbeitet v. Nikolaus Schwerdtfeger u. Albert Raffelt. Freiburg 1999, 172).

[7] Ebd. (SW 7, 284 f.).

[8] Ebd. 347 f. (SW 7, 292).

[9] Karl Rahner, Der Pfarrer, in: ders., Sendung und Gnade. Beiträge zur Pastoraltheologie, Innsbruck [5]1989, 263-274, 261 f.; jetzt in: ders., Sämtliche Werke. Bd. 16: Kirchliche Erneuerung. Studien zur Pastoraltheologie und Struktur der Kirche. Bearbeitet v. Albert Raffelt. Freiburg 2005, 277-284, 278 f.

[10] Karl Rahner, Frömmigkeit früher und heute, in: ders., Sämtliche Werke. Bd. 23: Glaube im Alltag. Schriften zur Spiritualität und zum christlichen Lebensvollzug [= SW 23]. Bearbeitet von Albert Raffelt. Freiburg 2006, 31-46, 39 (zuvor: ders., Schriften zur Theologie. Bd. 7. Einsiedeln 1966, 11-31, 22).

[11] SW 23, 39 f.

[12] Ebd. 38.

[13] Vgl. Papst Franziskus, Predigten aus den Morgenmessen in Santa Marta. Mit einer Einführung v. Stefan von Kampis. Freiburg 2014; die Predigten werden laufend in Auszügen auf der Website des Vatikans („Tagesmeditationen") veröffentlicht: ‹http://w2.vatican. va/content/francesco/de/cotidie/2015/index.html, ‹http://w2.vati-can.va/content/francesco/de/cotidie/2014/index.html›, ‹http://w2. vatican. va/content/francesco/de/cotidie/2013/index.html›.

[14] Antonio Spadaro, Das Interview mit Papst Franziskus. Hg. v. Andreas R. Batlogg. Freiburg 2013, 47 f.

[15] Zit. nach: ‹http://w2.vatican.va/content/francesco/de/speeches/ 2014/december/documents/papa-francesco_20141222_curia-ro-mana.html›. – Es handelte sich um den Weihnachtsempfang für die Römische Kurie am 22. Dezember 2014.

[16] Zit. nach: ‹http://de.radiovaticana.va/storico/2014/06/13/papst-interview_%E2%80%9Eich_habe_kein_pers%C3%B6nliches_ projekt_unterm_arm%2C/ted-806669›.

[17] Ansprache von Papst Franziskus zum Abschluss der Dritten Au-ßerordentlichen Vollversammlung der Bischofssynode, in: Sekretari-

at der Deutschen Bischofskonferenz (Hg.), Die pastoralen Herausforderungen der Familie im Kontext der Evangelisierung. Texte zur Bischofssynode 2014 und Dokumente der Deutschen Bischofskonferenz (Arbeitshilfen 273). Bonn 2014, 176-182, 179.

[18] Vgl. meine erste kurze Analyse: Deutliche Handschrift des Papstes, in: Die Furche, 5. 12. 2013, 15. – Mittlerweile gibt es eine wahre Flut von Veröffentlichungen zu „Evangelii gaudium"; vgl. z. B. Peter Fendel / Benedikt Kern / Michael Ramminger (Hg.), Tun wir nicht so, als sei alles in Ordnung! (EG 211) Ein politisch-theologischer Kommentar zu Evangelii Gaudium. Münster 2014; Klaus Krämer / Klaus Vellguth (Hg.), Evangelii gaudium. Stimmen der Weltkirche. Freiburg 2015.

[19] Zit. nach: <http://www.nzz.ch/aktuell/feuilleton/uebersicht/die-franziskanische-wende-nimmt-gestalt-an-1.18195012>.

[20] „Ein radikaler Revolutionär"; zit. nach: <http://www.domradio.de /themen/papst-franziskus/2013-11-27/ein-kommentar-zu-papst-franziskus-von-ingo-brueggenjuergen>.

[21] Ich verwende die Herder-Ausgabe, die durch einen „Themenschlüssel" sehr gut erschlossen ist: Papst Franziskus, Die Freude des Evangeliums. Das Apostolische Schreiben „Evangelii gaudium" über die verkündigung des Evangeliums in der Welt von heute. Mit einer Einführung v. Bernd Hagenkord SJ. Freiburg 2013 (= EG mit der entsprechenden Nummer).

[22] Vgl. Andreas R. Batlogg, Globalisierung der Gleichgültigkeit, in: Stimmen der Zeit 232 (2013) 1-2.

[23] Zit. nach: <http://w2.vatican.va/content/francesco/de/speeches/ 2014/december/documents/papa-francesco_20141222_curia-ro­mana.html>.

[24] Erasmus von Rotterdam, Ratio seu methodus compendio perveniendi veram theologiam, in: ders., Opera omnia (ed. Johannes Clericus), Bd. 5 (Hildesheim 1962) 75-138, 102 A; vgl. ders., Ausgewählte Schriften (ed. W. Welzig), Bd. 3: Übersetzt, eingeleitet und mit Anmerkungen versehen v. G. B. Winkler (Darmstadt

1967) 117-495, 274/275. – Dazu: Andreas R. Batlogg, Wieviel Jesus braucht die Fundamentaltheologie? Zur Relevanz des (unterschätzten) Lebens Jesu – eine Problemanzeige, in: ders. / Mariano Delgado / Roman A. Siebenrock (Hg.), Was den Glauben in Bewegung bringt. Fundamentaltheologie in der Spur Jesu Christi (Festschrift Karl H. Neufeld). Freiburg 2004, 402-422.

[25] Pressemeldung, 19. 10. 2014, Nr. 175, zit. nach: < http://www. dbk.de/nc/presse/details/?presseid=2659>.

[26] Papst Franziskus, „Und jetzt beginnen wir diesen Weg", 122-124, 123.

[27] Antonio Spadaro, Das Interview mit Papst Franziskus, 51.

[28] Ebd. 49.

[29] Zit. nach: Hans Waldenfels, Sein Name ist Franziskus. Der Papst der Armen. Paderborn 2014, 83.

[30] Papst Franziskus, Mein Leben, mein Weg. El Jesuita. Die Gespräche mit Jorge Mario Bergoglio von Sergio Rubin und Francesca Ambrogetti. Vorwort von Rabbi Abraham Skorka. Freiburg 2013, 84.

[31] Ebd. 86.

[32] Vgl. dazu Andreas R. Batlogg, Vom Traditions- zum Entscheidungschristentum, in: Stimmen der Zeit 229 (2011) 145-146.

[33] Vgl. Hans-Joachim Höhn, Fremde Heimat Kirche. Glauben in der Welt von heute. Freiburg 2012; Corona Bamberg, Mit den Suchenden suchen. Tomás Halík – (anonyme) Sehnsucht nach Glauben und Kirche, in: Stimmen der Zeit 232 (2012) 702-705.

[34] Vgl. dazu Karl Kern, City-Kirche, in: Stimmen der Zeit 232 (2014) 74-75.

[35] Vgl. z.B. Ansgar Wiedenhaus, Immer wieder neu anfangen dürfen. Ermutigung und Zuspruch im Sakrament erfahren. Ostfildern 2010.

[36] Christian M. Rutishauser, Vom Geist ergriffen dem Zeitgeist antworten. Christliche Spiritualität für heute. Ostfildern 2011.

[37] Zit. nach: <http://w2.vatican.va/content/paul-vi/de/apost_exhor-tations/documents/hf_p-vi_exh_19751208_evangelii-nuntiandi.html>.

[38] Vgl. Willi Lambert, Zeiten zum Aufatmen. Seelsorge und christliche Lebenskultur. Ostfildern 2008.

[39] Vgl. Alois Riedlsperger, Zeitwohlstand, in: Stimmen der Zeit 230 (2012) 145-146; ders., Kultur der Genügsamkeit, in: Stimmen der Zeit 231 (2013) 505-506.

[40] Zit. nach <http://de.radiovaticana.va/storico/2014/01/03/papst_traf_ordensleute_%E2%80%9Eweckt_die_welt_auf!%E2%80%9C/ted-760987>.

[41] Zit. nach. ebd.

[42] Vgl. Andreas R. Batlogg, Sind Ordenschristen noch Propheten, in: Stimmen der Zeit 232 (2014) 721-722.

[43] Zit. nach: <http://de.radiovaticana.va/storico/2014/01/03/papst_traf_ordensleute_%E2%80%9Eweckt_die_welt_auf!%E2%80%9C/ted-760987>.

[44] Zit. nach ebd.

Bischof Manfred Scheuer

Ihr aber seid lebendige Steine (vgl. 1 Petr 2,5)

Gedankensplitter, Österreich anno 2015

1. Häuser und Ruinen
Oder: Aufbrechen und aufbauen

Beim Gebet in San Damiano, etwa im Jahr 1205, fühlte sich Franz von Assisi von der dortigen Kreuzikone her persönlich angesprochen. Die Legende berichtet, Christi Stimme habe zu ihm gesagt: *„Franziskus, geh und baue mein Haus wieder auf, das, wie du siehst, ganz und gar in Verfall gerät."* Auf diese Vision hin erbettelte er Baumaterial und begann nach Aussage seiner Biografen, die kleine romanische Kirche eigenhändig wiederherzustellen. Im Jahre 1209 besuchte Franz von Assisi mit seinen Brüdern Papst Innozenz III. im Lateran, um die Erlaubnis zu erhalten, ein Leben in vollkommener Armut zu führen. Im Traum hatte der Papst in der Nacht zuvor gesehen, wie ein Mönch die berstenden Mauern der Lateranbasilika stützte. – Es war nicht bloß der äußere Kirchenbau, den Franz von Assisi renovieren sollte, sondern vielmehr die Kirche in den Herzen der Menschen.

„In einer in Scherben zersprungenen Christenheit machten sie (die Mystiker) die Erfahrung eines grundlegenden Abfalls. Sie leben die Dekomposition eines Kosmos und sind darin exiliert. Sie sind aus ihrem Land verjagt von der Geschichte, welche sie erniedrigt. ... Die Mystiker lehnen die Ruinen, die sie umgeben, nicht ab.

Sie harren dort aus. ... Nicht etwa weil sie mit dem Niedergang sympathisierten. Sondern weil diese heruntergekommenen Orte die tatsächliche Lage des Christentums ihrer Zeit repräsentierten. Eine durch Umstände bedingte, aber gewollte Solidarität mit dieser kollektiven Misere zeigt den Ort einer Verwundung an."[1]

Während Romano Guardini 1922 schreiben konnte: „Ein religiöser Vorgang von unabsehbarer Tragweite hat eingesetzt. Die Kirche erwacht in den Seelen", muss man später leider feststellen, dass die Kirche in den Seelen vieler Gläubigen stirbt. – Und heute? Papst Franziskus spricht in Evangelii gaudium vom „geistlichen Wohlgefallen, Volk zu sein" (Nr. 269). Der Zusammenhang ist der erste Brief des Petrus, Kapitel 2: „Einst wart ihr nicht sein Volk, jetzt aber seid ihr Gottes Volk." (1 Petr 2,10) Wer aus tiefster Seele Verkünder des Evangeliums sein will, muss nahe am Leben der Menschen sein, „bis zu dem Punkt, dass man entdeckt, dass dies eine Quelle höherer Freude ist. Die Mission ist eine Leidenschaft für Jesus, zugleich aber eine Leidenschaft für sein Volk. ... Er nimmt uns aus der Mitte des Volkes und sendet uns zum Volk, sodass unsere Identität nicht ohne diese Zugehörigkeit verstanden werden kann" (Nr. 268). Jesus selbst ist das Vorbild zur Verkündigung des Evangeliums: „Von seinem Vorbild fasziniert, möchten wir uns vollständig in die Gesellschaft eingliedern, teilen wir das Leben mit allen, hören ihre Sorgen, arbeiten materiell und spirituell mit ihnen in ihren Bedürfnissen, freuen uns mit denen, die fröhlich sind, weinen mit denen, die weinen, und setzen uns Seite an Seite mit den anderen für den Aufbau einer neuen Welt ein. Aber wir tun dies nicht aus

Pflicht, nicht wie eine Last, die uns aufreibt, sondern in einer persönlichen Entscheidung, die uns mit Freude erfüllt und eine Identität gibt" (Nr. 269).

2. Paroikia: Fremde und Gäste in der Welt
Oder: Mitgestalter der Heilsgeschichte

Wie haben sich Urchristen in der Heilsgeschichte eingepflanzt? Es gibt – biblisch gesehen – eine produktive Heimatlosigkeit. „Paroikia", das griechische Wort, von dem sich unsere Pfarre ableitet, bedeutet ursprünglich: Wir sind Fremde in dieser Welt, wir haben Heimat nicht in dieser Welt. „Liebe Brüder, da ihr Fremde und Gäste seid in dieser Welt", heißt es in 1 Petr 2,11. Im Brief an Diognet der frühen Christenheit wird das Thema der Unterscheidung zwischen Christen und ihrer Umwelt angesprochen:

„Denn die Christen unterscheiden sich nicht durch Land, Sprache oder Sitten von den übrigen Menschen. ... Sie bewohnen das eigene Vaterland, aber wie Beisassen. Sie nehmen an allem teil wie Bürger, und alles ertragen sie wie Fremde. Jede Fremde ist ihr Vaterland und jedes Vaterland eine Fremde. Sie heiraten wie alle, zeugen und gebären Kinder; aber sie setzen die Neugeborenen nicht aus. Ihren Tisch bieten sie als gemeinsam an, aber nicht ihr Bett. Im Fleisch befinden sie sich, aber sie leben nicht nach dem Fleisch. Auf Erden weilen sie, aber im Himmel sind sie Bürger. Sie gehorchen den erlassenen Gesetzen, und mit der ihnen eigenen Lebensweise überbieten sie die Gesetze. Sie lieben alle – und werden doch von allen verfolgt. Man weiß nichts von ihnen – und verurteilt sie doch. Sie werden getötet – und dennoch lebendig gemacht. Sie sind arm – und machen doch viele reich. An allem leiden sie Mangel – und haben dennoch alles im Überfluss. Sie werden beschimpft – und in den Beschimpfungen doch gepriesen. Sie werden verleumdet – und dennoch ins Recht gesetzt. Sie werden geschmäht – und sie segnen. Sie werden beleidigt – und sie zeigen Ehrerbietung. Obwohl sie Gutes tun, werden sie wie Übeltäter bestraft; wenn sie bestraft werden, freuen sie sich, als würden sie mit Leben begabt.

Um es aber kurz zu sagen: Genau das, was im Leib die Seele ist, das sind in der Welt die Christen. Durch alle Glieder des Leibes hin ist die Seele verteilt, und die Christen sind es über die Städte der Welt. Die Seele wohnt zwar im Leib, sie ist aber nicht vom Leib. Auch die Christen wohnen in der Welt, sie sind aber nicht von der Welt."[2]

3. Christsein in der Diaspora
Oder: Entschiedene und beharrliche Präsenz

Vor 60 Jahren (1954) hat Karl Rahner über die Position des Christen in der modernen Welt theologisch nachgedacht. Die Grundaussage: Das Christentum befindet sich in der Diaspora. „Das Christentum ist überall in der Welt und überall auf der Welt in der Diaspora: Es ist als wirkliches überall zahlenmäßig eine Minderheit, es hat nirgends eine faktische Führerrolle, die ihm erlaubt, machtvoll und deutlich der Zeit den Stempel christlicher Ideale aufzuprägen." Damit sieht Karl Rahner „die mittelalterlich-neuzeitliche, also die bäuerliche und individualistisch kleinbürgerliche Christenheit … in immer schnellerem Tempo verschwinden."[3] Kirche wird nicht von Bildung, Kultur, Staat, Politik, Wirtschaft, Wissenschaft und Kunst getragen. Von außen ist der Glaube bedroht. Das Christentum kann sich nicht oder nur in gering zu übernehmendem Maße auf das Institutionelle in Sitte, Brauch, bürgerlichem Gesetz, Tradition, öffentlicher Meinung, Nachahmungstrieb usw. stützen. Jeder muss es für sich neu erobern; es wird nicht mehr einfach „von den Vätern ererbt". Jeder muss neu erobert werden in einer Werbung, die an die persönliche Entscheidung, an das eigenständig Individuelle im Menschen, nicht an das appelliert, in dem der Mensch ein homogenes Stück der Masse und ein Produkt seiner Situation, der „öffentlichen Meinung" und des Herkommens ist. Das Christentum wird aus einem Nachwuchschristentum ein Wahlchristentum. … „Vieles Institutionelle im gesellschaftlichen, bürgerlichen, staatlichen, kulturellen Leben wird so sein, dass es einen eigentlich negativen Einfluss auf das sittliche Leben des Christen hat und dessen Leben fast unvermeidlich in Konflikte mit seiner christlichen Moral bringt." Und nach Rahner wird die Kirche in der Diaspora, wenn sie lebendig bleiben soll, eine Kirche aktiver Glieder, eine Kirche der Laien sein.[4] Und der Klerus wird nicht einfach mehr zu den höheren, privilegierten Ständen der Gesellschaft gehören. Die Kirche ist nicht mehr die Organisation, deren Macht politisch, und zwar direkt, von größerer Bedeutung sein könnte.[5]

4. Ökologie des Menschen
Oder: Verantwortung für das Zusammenleben

Das griechische Wort „Oikos" bedeutet Haus(haltung). Ökologie ist somit die Wissenschaft von den Wechselbeziehungen zwischen den Lebewesen und ihrer Umwelt; die Lehre vom Haushalt der Natur. *„Die Kirche hat eine Verantwortung für die Schöpfung* und muss diese Verantwortung auch öffentlich geltend machen. Und wenn sie das tut, muss sie nicht nur die Erde, das Wasser und die Luft als Gaben der Schöpfung verteidigen, die allen gehören. Sie muss vor allem den Menschen gegen seine Selbstzerstörung schützen. Es muss so etwas wie eine richtig verstandene Ökologie des Menschen geben. Die Beschädigung der Natur hängt nämlich eng mit der Kultur zusammen, die das menschliche Zusammenleben gestaltet. *Wenn in der Gesellschaft die ‚Humanökologie' respektiert wird, profitiert davon auch die Umweltökologie."*[6]

Von einer recht verstandenen Ökologie des Menschen spricht auch Papst Franziskus. Die Familie mache, so Papst Franziskus, eine tiefe kulturelle Krise durch wie alle Gemeinschaften und sozialen Bindungen. Der postmoderne Individualismus begünstige einen Lebensstil, der die Entwicklung und die Stabilität der Bindungen zwischen den Menschen schwächt und die Natur der Familienbande zerstört. „Auch wenn die Menschheit heute die Notwendigkeit eingesehen hat, auf die Bedrohung für unsere natürliche Umwelt zu reagieren, sind wir langsam dabei, zu begreifen, dass auch unsere soziale Umwelt in Gefahr ist. Deswegen müssen wir eine neue ‚Ökologie des Menschen' fördern und voranbringen."[7]

Das Gemeinwohl bzw. eine neue „Ökologie des Menschen" benötigt dafür orientierungsstiftende Prinzipien. Die Sphäre des Politischen ist ethisch nicht neutral – und es ist gefährlich, im Namen von politischem Realismus Gesetz und Moral aus der politischen Arena zu verbannen (CA 25)[8]. Wenn es keine ultimative Wahrheit gibt, die politische Aktivitäten anleitet, können Ideen und Überzeugungen leicht aus Machtgründen manipuliert werden (CA 46). Eine Demokratie ohne Werte führt zu Totalitarismus; oft anzutreffen ist die Idee, dass Agnostizismus und Relativismus jene philosophischen Positionen sind, die am besten mit Demokratie vereinbar wären (CA 48). Orientierungsstiftende Prinzipien des Staates sind Gerechtigkeit (PT 69)[9], Gemeinwohl als „raison d'être" des Staates (RN 35[10], PT 54, PT 84) sowie als Auftrag an die politische Gemeinschaft, die in besonderer Weise Verantwortung für das Gemeinwohl übernehmen muss (CV 36)[11], die Ausrichtung an der Menschenwürde (vgl. KSL 107)[12], Option für die Armen, d.h.: Entscheidungen im Bereich des Politischen müssen von den Realitäten der Armen geprägt sein (SRS 42).[13]

5. Evangelisierung der Kultur
Oder: Für eine Zivilisation der Liebe

Die Pastoralkonstitution des II. Vatikanischen Konzils schaut das Evangelium und menschliche Kultur zusammen. (GS 58) Kultur als Lebensform ist dabei die Gesamtgestalt des öffentlichen Lebens, sie ist Ordnung des Miteinanders und der Praxis, Ausdruck und Deutung des Lebens, sie ist Sinngestalt. Paul VI. hat in seinem

Apostolischen Schreiben „Evangelii nuntiandi" von der Notwendigkeit gesprochen, die Kulturen zu evangelisieren. „Der Kirche liegt ja nicht nur daran, das Evangelium in immer weiteren Landstrichen oder stets größeren Mengen von Menschen zu verkünden, sondern auch daran, durch die Macht des Evangeliums selbst Urteilskriterien, Werte, die eine größere Bedeutung haben, Denkgewohnheiten, Antriebskräfte und Lebensmodelle, die mit dem Wort und Heilsplan Gottes im Widerspruch stehen, zu erreichen und gleichsam umzustürzen. ... Es ist nötig, die Kulturen und auch die Kultur des Menschen – nicht nur äußerlich, so als ob irgendein Schmuckwerk oder ein äußerer Anstrich hinzugefügt würde, sondern innerlich, aus dem Zentrum des Lebens und bis zu den Wurzeln des Lebens – zu evangelisieren bzw. mit dem Evangelium zu erfüllen."[14]

Dabei geht es zum einen um Selbstevangelisierung, um Umkehr und Heiligung, die alle Dimensionen des Lebens einschließen, die leiblichen, die biografischen, die kommunikativen und die spirituellen Dimensionen. Die andere Richtung ist die Heiligung der Welt, der Kultur, der Wissenschaft, der Politik, der Wirtschaft.[15] Diese Einpflanzung des Evangeliums in die Kultur ist verbunden mit der Gabe der Unterscheidung der Geister. Es gibt eine berechtigte Autonomie der irdischen Wirklichkeiten (GS 36) und der Geist Gottes ist ein Geist der Freiheit (2 Kor 3,17). Ziel der Evangelisierung der Gesellschaft ist eine Kultur des Lebens, eine Zivilisation der Liebe. Der christliche Glaube und das darin wurzelnde christliche Ethos sollen in vielfältiger und gestufter Weise in unserer Kultur präsent bleiben. Die Stimme des christlichen

Glaubens um des Wohles und der Würde der konkreten Menschen willen, gerade der Schwächeren und der Opfer bestimmter gesellschaftlicher Entwicklungen, soll in ihrer humanisierenden, d.h. vermenschlichenden Kraft so wirksam wie möglich wahrgenommen werden. Die humanisierende Bedeutung einer solchen wechselseitigen Achtung zwischen Kirche und Kultur erleben wir im Augenblick sehr deutlich in vielen zentralen Fragen der Ethik, sei es in der Friedensfrage, in den Fragen rund um die Finanzkrise und der wirschaftlichen Globalisierung sowie der Lebensethik vom Lebensanfang bis zum Lebensende und in der Frage der medizinischen Nutzung der Gentechnologie.

6. Architektur der Gesellschaft
Oder: Der Blick auf größere Zusammenhänge

Václav Havel hat sehr persönlich die Bedeutung der transzendenten Verankerung des Menschen betont. Ohne diese Transzendenz hätte er die extremen Belastungen seines Lebens nicht durchzuhalten vermocht. Die transzendente Beziehung ermögliche aber auch die nötige Gelassenheit und schütze vor Fanatismus. Für die humane Zukunft unserer Länder, für eine humane Zukunft Europas ist es wichtig, dass die Gesellschaft offen für die Transzendenz bleibt und damit auch der Wirklichkeit Gottes Raum gibt. Der frühere tschechische Präsident (und Agnostiker) Václav Havel betont eindringlich diese Bedeutung der Transzendenz für das politische Zusammenleben. Das Haus Europa kann er sich nur vorstellen, wenn dessen Architektur ausdrücklich offen bleibt für die Transzendenz.[16]

Ethik in der Politik darf den fundamentalen Fragen, die eine Gesellschaft als ganze betreffen, nicht ausweichen. Sie ist einer Kultur der Reflexion und Reflexivität verpflichtet, die auch die Grundfragen nach Fundament und Ziel einer Gesellschaft stellt. Diese Fragen tangieren jene Aspekte, die das Gemeinwesen überhaupt und als solches thematisieren. Politik steht damit nicht nur in besonderer Beziehung zur Wahrheit, sondern auch in besonderer Beziehung zu Sinn und Sinnfragen.

Die Aufgabe einer theologischen Ethik ist es, „ein Bewusstsein von dem, was fehlt" zu schaffen und „die Sehnsucht nach dem ganz Anderen" zu erhalten. „Gleichwohl verfehlt die praktische Vernunft ihre eigene Bestimmung, wenn sie nicht mehr die Kraft hat, in profanen Gemütern ein Bewusstsein für die weltweit verletzte Solidarität, ein Bewusstsein von dem, was fehlt, von dem, was zum Himmel schreit, zu wecken und wach zu halten."[17] Damit ist eine Tiefendimension der menschlichen Koexistenzgestaltung angesprochen, die Frage nach Fundament und „Telos" des Gemeinwesens: „Woraufhin" und „warum" soll Zusammenleben politisch gestaltet werden?

Welches Menschenbild („Seele"!) impliziert eine ethische Position, welches Verständnis von Gesellschaft (gemeinwohlorientiert!) und welches Verständnis des menschlichen Lebens (auf ein Ziel hin)? Eine theologische Ethik wird die Frage nach dem Ersten (Woher), dem Letzten (Wohin) und dem Schwächsten („Wer verliert?") stellen und ethische Fragen mit dem „finis ultimus" in Zusammenhang bringen. Indem theologische Ethik diese Klarheit und Ehrlichkeit im Umgang mit den letzten Fragen einklagt („Telos" der Politik), leistet sie einen Beitrag zu wahrhaftiger Politik. Eine theologische Ethik wird Wahrhaftigkeit in den unangenehmen ersten und letzten Fragen einklagen, vor allem in Bezug auf die Fragen „Wohin", „Warum", „Wer verliert?".

7. Pilger und Kundschafter
Oder: Die Dynamik des Unterwegs-Seins

„Das Religiöse in den modernen Gesellschaften ist in Bewegung. Es ist diese Bewegung, die es zu erkennen gilt", konstatiert die französische Religionssoziologin Daniele Hervieu-Leger in ihrer viel beachteten Studie „Pilger und Konvertiten".[18] Glaube und Kirche werden heute „viatorisch" gefunden. Das Pilgern ist nicht zufällig ein Massenphänomen unserer Tage.

Der Innsbrucker Diözesanpatron Petrus Canisius war ein Pilger und Kundschafter. Priester und Ehrenamtliche in der Kirche sind Pilger und Kundschafter zwischen den Lebenswelten, zwischen Jungen und Alten, zwischen Kulturen, die sich in unserem Land oft auf kleinstem Raum zusammenfinden. Rainer Maria Rilke schreibt über die Pilgerschaft:

„Falle nicht, Gott, aus deinem Gleichgewicht – Auch der dich liebt und der dein Angesicht erkennt im Dunkel, wenn er wie ein Licht in deinem Atem schwankt, – besitzt dich nicht. Und wenn dich einer in der Nacht erfasst, so dass du kommen musst in sein Gebet: Du bist der Gast, der wieder weiter geht. Wer kann dich halten, Gott? Denn du bist dein, von keines Eigentümers Hand gestört, so wie der noch nicht ausgereifte Wein, der immer süßer wird, sich selbst gehört."[19]

Die Kirchengestalt der vergangenen Jahrhunderte ist in Auflösung begriffen. Strukturen, Sicherheiten und Institutionen sind fragwürdig geworden. Das hat massive Auswirkungen für das Selbstverständnis des priesterlichen Dienstes und für die Plausibilität, die ein Seelsorger für sein Tun erwarten kann. Man kann darauf depressiv mit einer Fixierung auf eine heile Vergangenheit reagieren. Ist es nicht aber auch möglich, diese gegenwärtige Situation anders zu deuten und zu leben?

Die Krise bietet die Chance zum Exodus, zum Aufbruch. Sie könnte auch vom *mysterium paschale,* vom Geheimnis des Todes und der Auferstehung Jesu beleuchtet werden. Unter dem Zeichen einer positiven Dynamik des Je-Mehr: Das kann für gegenwärtige Pastoral bedeuten, dass wir von einer reagierenden, defensiven, stagnierenden Haltung zu einer proaktiven Dynamik kommen. Es stellt sich die Frage, ob wir Probleme haben, um unsere Krisen kreisen, auf das Negative fixiert sind – oder ob wir eine Botschaft haben! Ignatius von Loyola hat inmitten seiner Zeit die Frische des Evangeliums gelebt und bezeugt, in der nicht wenige die konkrete Kirche als Ruine sahen, als Verlierergesellschaft. Gerade da wollte er präsent sein.

Aufzubrechen ist immer mit einem Risiko und mit einem Wagnis verbunden. Aufbrüche erfordern Mut und Offenheit; sie können auch in dunkle Zeiten der Enttäuschung oder in lange Wüstenwanderungen hinein führen. Zu ihnen gehören Ängste und Freuden, Verunsicherung, Tränen, Sehnsucht und neue Hoffnung. Jedem Anfang wohnt ein Zauber, aber auch eine Schwere inne. Aufbrechen – da geht es um das Aufbrechen von Versteinerungen, von Verhärtungen und Rechthabereien.

8. Eine große Sympathie
Oder: Gott begegnet auf der Straße

„Freude und Hoffnung, Trauer und Angst der Menschen von heute, besonders der Armen und Bedrängten aller Art, sind auch Freude und Hoffnung, Trauer und Angst der Jünger Christi. Und es gibt nichts wahrhaft Menschliches, das nicht in ihren Herzen seinen Widerhall fände. Ist doch ihre eigene Gemeinschaft aus Menschen gebildet, die, in Christus geeint, vom Heiligen Geist auf ihrer Pilgerschaft zum Reich des Vaters geleitet werden und eine Heilsbotschaft empfangen haben, die allen auszurichten ist. Darum erfährt diese Gemeinschaft sich mit der Menschheit und ihrer Geschichte wirklich engstens verbunden." (Gaudium et spes 1)

Das Zweite Vatikanische Konzil sieht die Gemeinschaft der Kirche mit der Menschheit und ihrer Geschichte eng verbunden.[20] Christen dürfen so gesehen keine Wirklichkeitsflüchtlinge sein. Mit dem Glauben ist keine Weltfremdheit verbunden, denn Jesus hat sich nicht herausgehalten aus der Zeit, sich nicht entzogen den Ängsten und Abgründen, sich nicht zynisch gezeigt gegenüber den Bedürfnissen der Menschen. Entgegen gnostischer Verachtung der Zeit und des Leibes liegt die Dynamik Jesu in der Inkarnation, in der Realisation der Liebe und des Heiles in geschichtlicher Stunde. Inkarnation, d.h. Menschwerdung Gottes, ist geprägt durch Präsenz und Solidarität. Die Kirche geht den „Weg mit der ganzen Menschheit gemeinsam und erfährt das gleiche irdische Geschick mit der Welt und ist gewissermaßen Sauerteig und Seele der in Christus zu erneuernden und in die Familie Gottes umzugestaltenden menschlichen Gesellschaft." (Gaudium et spes 40)

Für Papst Paul VI. kommt uns Gott in der heutigen Wirklichkeit entgegen. „Die Religion des Gottes, der Mensch wurde, ist der Religion (denn sie ist es) des Menschen begegnet, der sich zum Gott macht. Was ist geschehen? Ein Zusammenstoß, ein Kampf, ein Anathem? Es hätte sein können, aber es ist nicht geschehen. Die alte *Geschichte vom Samariter* wurde zum Beispiel für die Geisteshaltung des Konzils. Eine *ganz große Sympathie* hat es ganz und gar durchdrungen."[21]

Gott erscheint an den Wegkreuzungen, an den Orten, die uns nicht vertraut sind, an denen wir uns nicht auf Sicherheiten stützen können. Was ist zu tun angesichts dieser Situation? So fragt Papst Franziskus. Es braucht eine Kirche, die keine Angst hat, in die Nacht dieser Menschen hinein zu gehen. Es braucht eine Kirche, die fähig ist, ihnen auf ihren Wegen zu begegnen. Es braucht eine Kirche, die sich in ihr Gespräch einzuschalten vermag. Es braucht eine Kirche, die es versteht, mit jenen Jungen ins Gespräch zu kommen, die wie die Emmausjünger aus Jerusalem fortlaufen und ziellos allein mit ihrer Ernüchterung umherziehen, mit der Enttäuschung über ein Christentum, das mittlerweile als steriler, unfruchtbarer Boden angesehen wird, der unfähig ist, Sinn zu zeugen.

9. Fenster der Verwundbarkeit
Oder: Liebe riskiert

Eine Apathie und Gefühllosigkeit in der Wahrnehmung gegenüber Leid und Opfer ist auf Empfänglichkeit und Verwundbarkeit hin zu öffnen. Gegenüber Konzepten, die Glück als Leidlosigkeit denken, mag wahre Liebe den anderen gut „leiden".

Maurice Blondel (1861–1949) sieht im Leid sogar das „Siegel eines anderen in uns... Wer an einer Sache nicht gelitten hat, kennt und liebt sie nicht. ... Der Sinn des Schmerzes liegt darin, uns das zu entschleiern, was dem Erkennen und dem egoistischen Wollen sich entzieht, und Weg zur echten Liebe zu sein. ... Lieben heißt, das Leiden lieben, weil wir so Freude und Tun eines anderen in uns lieben: diesen in sich liebenswerten und teuren Schmerz, den alle bejahen, die ihn erfahren und ihn gegen alle Lieblichkeit der Welt nicht tauschen möchten."[22]

Damit verbunden ist Verwundbarkeit. Das „Fenster der Verwundbarkeit" war zunächst ein militärstrategischer Ausdruck. „Eine Lücke im Verteidigungssystem, eine mögliche Einbruchstelle des Gegners wird so genannt. ... Jedes Fenster macht ja verwundbar und weist auf Beziehung, Verständigung, Mitteilung. ... Das Fenster der Verwundbarkeit ist ein Fenster zum Himmel. ... Gott macht sich in Christus verwundbar, Gott definiert sich in Christus als gewaltfrei. ... Und wenn wir das Gleichnis vom

Weltgericht, in dem jedes hungernde Kind Christus ist (Mt 25), richtig verstehen, so können wir sagen: Christus ist die Wunde Gottes in der Welt."[23] Es gibt heute unzählige wunde Stellen, eine Welt, die blutet, in der gestritten, gelitten und gestorben wird, weltweit, – wenn tausende Flüchtlinge aus Afrika nach lebensgefährlichen Überfahrten in Italien stranden; in Libyen, wenn Menschen, Frauen und Kinder gehandelt werden; hier bei uns, wenn Menschen an unheilbarer Krankheit, Überforderung und Vereinsamung leiden, in Depression und Sucht, Burnout und massivem Mangel an Zeit, in Unversöhntheit, Streit und Neid. Hinschauen statt Wegschauen lautet die Devise: „Die Mystik der Bibel – in monotheistischen Traditionen – ist in ihrem Kern eine politische Mystik, näher hin eine Mystik der politischen, der sozialen Compassion. Ihr kategorischer Imperativ lautet: Aufwachen, die Augen öffnen! Jesus lehrt nicht eine Mystik der geschlossenen Augen, sondern eine Mystik der offenen Augen und damit der unbedingten Wahrnehmungspflicht für fremdes Leid."[24]

10. Was ist Kirche?
Oder: Communio mit Gott und den Menschen

Die wohl wichtigste Selbstaussage der Kirche über ihr eigenes Wesen findet sich im II. Vatikanischen Konzil: „Die Kirche ist in Christus gleichsam das Sakrament, d.h. Zeichen und Werkzeug für die innigste Verbindung mit Gott, wie für die Einheit der ganzen Menschheit" (Lumen Gentium 1). Und in der Pastoralkonstitution heißt es: „Freude und Hoffnung, Trauer und Angst der Menschen von heute, besonders der Armen und Bedrängten aller Art, sind auch Freude und Hoffnung, Trauer und Angst der Jünger Christi" (Gaudium et Spes 1). Das Zweite Vatikanische Konzil sieht die Gemeinschaft der Kirche mit der Menschheit und ihrer Geschichte eng verbunden. Es gehört für das Konzil zum Grundauftrag der Kirche, nach den Zeichen der Zeit zu forschen und sie im Licht des Evangeliums zu deuten, um so in einer jeweils der heutigen Generation angemessenen Weise auf die bleibenden Fragen der Menschen nach dem Sinn des gegenwärtigen und des zukünftigen Lebens und nach dem Verhältnis beider zueinander Antwort zu geben (vgl. GS 4).

Eine der Leitideen des Konzils für Kirche lautet: *communio.* Wenn das Konzil von *communio* spricht, meint es primär nicht Organisationsfragen der Kirche. *Communio* bezeichnet nicht die Struktur der Kirche, sondern ihr Wesen, ihr Mysterium. Das Mysterium der Kirche besteht nach dem Konzil darin, dass wir im Geist durch Christus Zugang haben zum Vater, um so der göttlichen Natur teilhaftig zu werden. Die *communio* der Kirche ist vorgebildet und getragen von der trinitarischen *communio*, sie ist Teilhabe an der trinitarischen *communio* selbst (LG 4; UR 2). Die Kirche ist gleichsam die Ikone der trinitarischen Gemeinschaft von Vater, Sohn und Heiligem Geist. Damit sagt das Konzil: Nicht die Kirche ist die Antwort auf die menschliche Sehnsucht nach Gemeinschaft. Allein in Gottes Selbstmitteilung, in der Gemeinschaft und Freundschaft mit Gott kann menschliches Verlangen nach Gemeinschaft seine Erfüllung finden. Gott allein ist die letzte Antwort auf die Frage, die sich der Mensch selbst ist (GS 21). Die Kirche ist darum der Gottesfrage zu- und untergeordnet. *Koinonia/communio* bedeutet in den Texten des Konzils ursprünglich nicht Gemeinschaft, sondern *participatio*/Teilhabe, Teilhabe an den von Gott geschenkten Gütern des Heils: Teilhabe am Heiligen Geist, am neuen Leben, an der Liebe, am Evangelium, vor allem aber an der Eucharistie. Deshalb ist die Eucharistie der Höhepunkt der kirchlichen *communio* (LG 11; AG 9). Darüber hinaus spricht das Konzil von Wort und Sakrament (AG 9; AA 6; PO 4; UR 2) bzw. von den zwei Tischen, dem Tisch der Eucharistie und dem Tisch des Wortes Gottes (SC 51; DV 21). Damit hat das Konzil die Kirche als „Schöpfung des Wortes" *(creatura verbi)* bestimmt (LG 2; 9; DV 21-26). Als eucharistische *communio* ist die Kirche nicht nur Abbild der trinitarischen *communio,* sondern auch deren Vergegenwärtigung. Sie ist nicht nur (äußerliches oder instrumentelles) Heilszeichen und Heilsmittel, sondern auch Heilsfrucht.

11. Spiritualität der Gemeinschaft
Oder: Zusammenstehen trotz allem und mit allen

Eine „Mindest-Utopie" müsse man verwirklichen, schreibt Hilde Domin: *„Nicht müde werden sondern dem Wunder leise wie ein Vogel die Hand hinhalten. –* Das ‚Wunder', … besteht für mich darin, nicht im Stich zu lassen. Sich nicht und andere nicht. Und nicht im Stich gelassen zu werden. Das ist die Mindest-Utopie, ohne die es sich nicht lohnt, Mensch zu sein."[25]

Das Evangelium ist das Buch des Lebens. Das gilt nicht nur für das Leben einzelner, sondern auch für das Leben der Kirche und für alle Gemeinschaften in ihr. Das Volk Israel bezieht seine Identität aus dem Exodus. Für den christlichen Glauben ist die Erinnerung an Jesu Leben, Tod und Auferstehung in der Eucharistie konstitutiv. Wir dürfen die Erfahrungen der Kirche vom Evangelium her deuten. Nicht selten sind es die Summarien der Apostelgeschichte, die als Ideal kirchlicher Gemeinschaft vor Augen geführt werden: „Und alle, die gläubig geworden waren, bildeten eine Gemeinschaft und hatten alles gemeinsam. Sie verkauften Hab und Gut und gaben allen davon, jedem so viel, wie er nötig hatte. Tag für Tag verharrten sie einmütig im Tempel, brachen in ihren Häusern das Brot und hielten miteinander Mahl in Freude und Einfalt des Herzens" (Apg 2,44-46). „Die Gemeinde der Gläubigen war ein Herz und eine Seele. Keiner nannte etwas von dem, was er hatte, sein Eigentum, sondern sie hatten alles gemeinsam. Mit großer Kraft legten die Apostel Zeugnis ab von der Auferstehung" (Apg 4,32f.).[26]

Beim Hören dieser idealen Zustände kommen dann rasch Frust über die gegenwärtigen Zustände, Enttäuschung über die real existierende Kirche, Aggression gegenüber den verantwortlichen Personen und Institutionen. Wenn wir die Apostelgeschichte insgesamt lesen und von ihr her unsere kirchlichen Erfahrungen deuten, kommen jedoch viele anderen Parallelen: „Es kam zu einer heftigen Auseinandersetzung, so dass sie (Paulus und Barnabas) sich voneinander trennten" (Apg 15,39). Wenn wir die Zeugnisse der ersten Gemeinden genauer anschauen, gibt es Machtfragen, Drangsale, Konflikte, Auseinandersetzungen, Eifersucht, Neid, Zu-kurz-Kommen, Kleiderfragen, Ritusstreitigkeiten, Genderthemen, Probleme mit der Gemeindeordnung, mit der Prophetie, Auseinandersetzungen um Ehe und Ehebruch, Individualisierungstendenzen, Geld und Solidarität, Glaubensfragen usw. Es gibt Tratsch auf dem Areopag (Apg 17,21), dann wird Mut zugesprochen (Apg 16,40), und es gibt das Stärken der Brüder (Apg 18,23). Beim Abschied fielen alle Paulus um den Hals, brachen in Weinen aus und küssten ihn (Apg 20, 36-38).

Die konkrete Kirche ist wie die Urgemeinde. Die ersten Gemeinden des Paulus sind keine Gemeinschaften von ausschließlich Gesunden und Reifen, sondern höchst gemischte Gesellschaften. Auch die real existierenden Gemeinschaften sind kein idealistisches Paradies. Die ideale Kommunikation gehört dem Gespensterreich an. In der konkreten Wirklichkeit gibt es gestörte, zerstörende und zerstörte Beziehungen, Behinderungen, Belastungen, Kränkungen, Machtverhältnisse im Miteinander. Da ist die Sehnsucht nach Beheimatung und die Beziehungslosigkeit in der Realität. Oder noch schlimmer: Die anderen sind die Hölle. Die neurotischen Verzerrungen und Behinderungen sind bei Paulus Material der *communio*. Er rühmt sich seiner Schwächen (2 Kor 12,9; 1 Kor 1,18-31). Es ist gerade eine Herausforderung, mit den Licht- und mit den Schattenseiten, mit den Rosen und Neurosen beziehungsreich umzugehen.

Johannes Paul II. skizziert in seinem Apostolischen Schreiben „Novo millennio ineunte" vom 6.1.2001 eine Spiritualität der Gemeinschaft:

> *„Die Kirche zum Haus und zur Schule der Gemeinschaft* machen, darin liegt die große Herausforderung. … Vor der Planung konkreter Initiativen gilt es, *eine Spiritualität der Gemeinschaft zu fördern.* … Spiritualität der Gemeinschaft bedeutet vor allem, den Blick des Herzens auf das Geheimnis der Dreifaltigkeit zu lenken, das in uns wohnt und dessen Licht auch auf dem Angesicht der Brüder und Schwestern neben uns wahrgenommen werden muß. Spiritualität der Gemeinschaft bedeutet zudem die Fähigkeit, den Bruder und die Schwester im Glauben in der tiefen Einheit des mystischen Leibes zu erkennen, d.h. es geht um ‚einen, der zu mir gehört', damit ich seine Freuden und seine Leiden teilen, seine Wünsche erahnen und mich seiner Bedürfnisse annehmen und ihm schließlich echte, tiefe Freundschaft anbieten kann. Spiritualität der Gemeinschaft ist auch die Fähigkeit, vor allem das Positive im anderen zu sehen, um es als Gottesgeschenk anzunehmen und zu schätzen: nicht nur ein Geschenk für den anderen, der es direkt empfangen hat, sondern auch ein ‚Geschenk für mich'. Spiritualität der Gemeinschaft heißt schließlich, dem Bruder ‚Platz machen' können, indem ‚einer des anderen Last trägt' (Gal 6,2) und den egoistischen Versuchungen widersteht, die uns dauernd bedrohen und Rivalität, Karrierismus, Misstrauen und Eifersüchteleien erzeugen. Machen wir uns keine Illusionen: Ohne diesen geistlichen Weg würden die äußeren Mittel der Gemeinschaft recht wenig nützen. Sie würden zu seelenlosen Apparaten werden, eher

Masken der Gemeinschaft als Möglichkeiten, dass diese sich ausdrücken und wachsen kann."[27]

Wir dürfen die Kirche und unsere konkreten Ordensge-
meinschaften im Licht des Evangeliums deuten. Christliche Armut lebt aus der Hoffnung auf die eschatologische
Vollendung. Diese Hoffnung hat sich in einer Situation
des Umbruchs, der Unsicherheit und der Unübersichtlichkeit zu bewähren. Eine solche Unübersichtlichkeit besteht
derzeit z.B. in der Frage, wie die Kirche mit ihrer Botschaft und mit ihrem Auftrag in der Gesellschaft präsent
sein kann. Die Armut als Gestalt der Hoffnung lässt sich
nicht in die falsche Alternative zwischen zynischer Re-
signation und integralistischer Machtpolitik treiben. Die
Kirche verkündet das Pascha-Mysterium, sie hat ihre
Wurzeln in Tod und Auferstehung Jesu. Tod und Auferstehung gehen durch die eigene Glaubensbiografie und
durch die geschichtliche Gestalt von Kirche hindurch.

Besteht nicht bei fundamentalistischen oder bürokrati-
schen Sicherungsversuchen in der Kirche eine panische
Angst vor der Armut und vor dem Loslassen am Werk,
eine Angst, die nicht aus der Wahrnehmung des Karfrei-
tags und auch nicht aus dem Glauben an Ostern kommt?
An welchem Ort des Ostergeheimnisses befindet sich
gegenwärtig die Kirche? Die traditionelle Stellung der
Kirche in der bürgerlichen Gesellschaft scheint sich auf-
zulösen. Bisher vertraute Formen von Kirchlichkeit brö-
ckeln ab. Wie ist das Schrumpfen der Kirche zu deuten?
Befindet sie sich an einem Karsamstag, an dem das konkrete Profil der neuen Gestalt noch nicht sichtbar ist?
Die Auferstehung ist jedenfalls nicht machbar. Sie ge-

schieht auch nicht am Karfreitag vorbei. Wenn es die Einübung in Armut, ins Sterben, in den Abschied und in die Gelassenheit nicht gibt, dann macht sich eine depressive Grundstimmung in der Kirche breit.

12. Zeit der Nachfolge
Oder: Beziehung zu Jesus Christus

Paulus schreibt im 2. Brief an die Korinther: „Unser Empfehlungsschreiben seid ihr; es ist eingeschrieben in unser Herz, und alle Menschen können es lesen und verstehen. Unverkennbar seid ihr ein Brief Christi, ausgefertigt durch unseren Dienst, geschrieben nicht mit Tinte, sondern mit dem Geist des lebendigen Gottes." (2 Kor 3, 2-3) „In jeder Periode der Geschichte hat Gott einer Reihe von Menschen den Auftrag erteilt, das Evangelium nach dem Urtext vorzuleben, in ihrer Person ‚mit Leib und Blut' sozusagen eine zeitgemäße Originalausgabe darzustellen." (Madeleine Delbrêl) Das Verständnis von Christentum und Glaube hat sich nicht selten in eine abstrakte Allgemeinheit verflüchtigt.[28] Ein abstrakter Glaube oder eine kritische Negation allein erreichen weder Jesus Christus noch das konkrete Leben. Wo der Glaube auf ein Postulat der Moral, auf ein Prinzip der Individuation oder auch auf das Politische reduziert wird, wird er leer. „Auf die Frage, woran und wodurch sich christliche Identität bildet, antwortet das Neue Testament: durch das Wagnis der Nachfolge im Vorgriff auf den endgültigen Anbruch der Gottesherrschaft."[29] Die ganze Kirche steht unter dem Imperativ der Nachfolge, aus der heraus ihre Identität erwächst. Selige und Heilige stehen zur Großkirche und zur Gesellschaft in einer lebendigen Spannung. In ihnen geht es um die lebendige, gefährliche, innovatorische, schöpferische, prophetische, kritische, korrigierende, schockierende und praktisch gelebte Erinnerung, dass Christsein und Nachfolge zusammen gehören.[30] Nachfolge hat Zeichencharakter.

In der gegenwärtigen Gesellschaft und Kirche gibt es seit einigen Jahren so etwas wie eine schleichende „Entchristologisierung" des allgemeinen Glaubensbewusstseins innerhalb der kirchlichen Frömmigkeit. – Von Jesus Christus her ist der Zeuge die der Offenbarung angemessene Vermittlungsgestalt.[31] Zeugen erinnern an Jesus. Dabei entspringt das Zeugnis nicht primär einem asketischen Programm. Zeugen sind von Jesus Christus Angesehene:

> „Und weil das Auge dort ist, wo die Liebe weilt, erfahre ich, dass Du mich liebst. ... Dein Sehen, Herr, ist Lieben, und wie Dein Blick mich aufmerksam betrachtet, dass er sich nie abwendet, so auch Deine Liebe. ... Soweit Du mit mir bist, soweit bin ich. Und da Dein Sehen Dein Sein ist, bin ich also, weil Du mich anblickst. ... Indem Du mich ansiehst, lässt Du, der verborgene Gott, Dich von mir erblicken. ... Und nichts anderes ist Dein Sehen als Lebendigmachen. ... Dein Sehen bedeutet Wirken."[32]

Zeugnis wurzelt im Ansehen Gottes. Zeugen haben von Gott her ein Ansehen und können so dem Evangelium ein Gesicht geben.

Grundoption des Papstes ist die Freude am Evangelium aus einer persönlichen Beziehung zu Jesus Christus, Mitte seines missionarischen Programms ist die ständige

Erneuerung unserer Beziehung zu Jesus Christus. „Ich lade jeden Christen ein, gleich an welchem Ort und in welcher Lage er sich befindet, noch heute seine persönliche Begegnung mit Jesus Christus zu erneuern oder zumindest den Entschluss zu fassen, sich von ihm finden zu lassen, ihn jeden Tag ohne Unterlass zu suchen." (EG 3) Evangelii gaudium ist eine Ermutigung, Jesus auch ganz naiv zu lieben (vgl. EG 264) und dem ganzen Leben Jesu (vgl. 265) auf der Spur zu bleiben.

13. Missionarische Existenz
Oder: Offene Türen und Hinausgehen

„Der Geist des Herrn ruht auf mir; denn der Herr hat mich gesalbt. Er hat mich gesandt." (Lk 4,16) Mission ist ein Grundvollzug der Kirche: „Ein Grundwort kirchlichen Lebens kehrt zurück: Mission. Lange Zeit verdrängt, vielleicht sogar verdächtigt, oftmals verschwiegen, gewinnt es neu an Bedeutung" (Kardinal Karl Lehmann). Wie weit ist die tiefgreifende Veränderung gerade hinsichtlich der „Weitergabe des Glaubens" an kommende Generationen oder generell an Nichtchristen schon ins allgemeine Bewusstsein der Gläubigen gedrungen? Kinder, Jugendliche und Erwachsene wachsen nicht mehr in ein von Eltern, Großeltern und dem ganzen Milieu selbstverständlich übernommenes christliches Erbe hinein.

Papst Franziskus wird nicht müde, das Profil einer missionarischen Kirche zu zeichnen und zu leben: Die Kirche müsse sich an die Grenzen menschlicher Existenz vorwagen. „Evangelisierung setzt apostolischen Eifer" und

„kühne Redefreiheit voraus, damit sie aus sich selbst herausgeht", „nicht nur an die geographischen Ränder, sondern an die Grenzen der menschlichen Existenz: die des Mysteriums der Sünde, des Schmerzes, der Ungerechtigkeit, der Ignoranz, der fehlenden religiösen Praxis, des Denkens und jeglichen Elends". Eine egozentrische Kirche „beansprucht Jesus für ihr Eigenleben und lässt ihn nicht nach außen treten". So eine Kirche glaube, dass sie schon das eigentliche Licht sei, höre auf, „das Geheimnis des Lichts" zu sein und lebe nur noch, „um die einen oder anderen zu beweihräuchern".[33]

Franziskus will Mut zum Risiko und zum Experiment auslösen. Wagnisse, die Neues versuchen, können durchaus auch schief gehen. Fehlerfreundlichkeit ist besser als Mutlosigkeit. „Mir ist eine ‚verbeulte' Kirche, die verletzt und beschmutzt ist, weil sie auf die Straßen hinausgegangen ist, lieber als eine Kirche, die aufgrund ihrer Verschlossenheit und ihrer Bequemlichkeit, sich an die eigenen Sicherheiten zu klammern, krank ist. Ich will keine Kirche, die darum besorgt ist, der Mittelpunkt zu sein, und schließlich in einer Anhäufung von fixen Ideen und Streitigkeiten verstrickt ist." (Evangelii gaudium 49) Deshalb plädiert er für eine Kirche der offenen Türen, so dass alle irgendwie am kirchlichen Leben teilnehmen können. „Die Eucharistie ist, obwohl sie die Fülle des sakramentalen Lebens darstellt, nicht eine Belohnung für die Vollkommenen, sondern ein großzügiges Heilmittel und eine Nahrung für die Schwachen. Diese Überzeugungen haben auch pastorale Konsequenzen, und wir sind berufen, sie mit Besonnenheit und Wagemut in Betracht zu ziehen. Häufig verhalten wir uns wie Kontrolleure der Gnade und nicht wie ihre Förderer. Doch die Kirche ist keine Zollstation, sie ist das Vaterhaus, wo Platz ist für jeden mit seinem mühevollen Leben."[34]

14. Breite und Dichte
Oder: Anknüpfungspunkte für das Evangelium

Die französischen Bischöfe sprechen in einem Brief nach einer Formulierung von Madeleine Delbrêl von einer „Mission mit Breitenwirkung" und „Mission der Dichte". Die „Mission mit Breitenwirkung" zielt darauf, dass der christliche Glaube und das darin wurzelnde christliche Ethos in vielfältiger und gestufter Weise in unserer Kultur präsent bleibt; sicher nicht so prägend wie in den vergangenen Epochen, in denen Verkündigung unter ganz anderen kulturellen Voraussetzungen geschah. Bei einer „Mission mit Breitenwirkung" geht es zunächst nur darum, dass die Stimme des christlichen Glaubens um des Wohles und der Würde der konkreten Menschen willen, gerade der Schwächeren und der Opfer bestimmter gesellschaftlicher Entwicklungen, in ihrer humanisierenden, d.h. vermenschlichenden Kraft so wirksam wie möglich wahrgenommen wird. Die humanisierende Bedeutung einer solchen wechselseitigen Achtung zwischen Kirche und Kultur erleben wir im Augenblick deutlich in vielen zentralen Fragen der Ethik.

„Mission der Breite" kann auch heißen, dass wir als Kirche unsere geprägten Räume und Zeiten, besonders das Kirchenjahr und den Sonntag, öffentlich im Bewusstsein halten. Die Kirche kennt Bräuche verschiedenster Art und sie lebt davon: von Sonntagen und Werktagen, von Weihnachten und Ostern, von Heiligenfesten und Namenstagen, vom Zug der Sternsinger und von den Lichtern am Adventkranz, von Taufe, Hochzeit, Beerdigung und dem Sakrament der Versöhnung. Die Feier der Eucharistie ist in besonderer Weise durchwirkt von Gesten, Bräuchen und heiligen Riten: die Bereitung von Brot und Wein, Lichter und Lieder, Kreuzzeichen und Segensgestus, Stehen und Knien, liturgische Gewänder und Lesungen aus der Heiligen Schrift.

Vielleicht könnte man eine Grundaufgabe von Kirche und ihrer Pastoral heute mit dem Stichwort kennzeichnen: „Anknüpfungsmöglichkeiten für das Evangelium erkunden."[35] Das wird in den verschiedenen Regionen Mitteleuropas sehr unterschiedlich sein. Auch die Städte sind nicht so religionslos wie manche meinen. Spurenelemente des Christentums sind durchaus gegeben: Feiertagskultur, mancherlei Brauchtum, Interesse an Geschichte bzw. auch persönliche Erfahrungen, an die man anknüpfen kann: die Tatsache der eigenen Taufe, bruchstückhaftes Wissen um Religion, die Begegnung mit Fremdreligionen.

Wenn der Glaube nur Brauch oder äußere Gewohnheit bleibt, dann würde er bald oberflächlich, leer und somit unglaubwürdig. So brauchen wir neben der „Mission mit Breitenwirkung" ebenso eine „Mission der Dichte", d.h. der Intensität und der Tiefe. Diese Form von Glaubensverkündigung und Glaubensleben wird in dem seit einigen Jahren wachsenden „Netzwerk" oder Gefüge verschiedenster „Glaubensmilieus" gepflegt. Die deutschen Bischöfe sprechen in einem Rundschreiben von „Biotopen des Glaubens"[36]. Gemeint sind solche Gruppen, Gemeinden, Gemeinschaften, geistliche Bewegungen, Initiativen (wie z.B. „Exerzitien im Alltag" oder Wallfahrten), Gesprächskreise, geistliche Zentren u. ä., die innerhalb oder zumindest in Verbindung mit unseren normalen Pfarreien und Verbänden versuchen, den Glauben ausdrücklich zum Thema zu machen, und das nicht nur intellektuell, sondern primär existentiell, ihn also mit der eigenen Lebensgeschichte zu vermitteln, sich ihn persönlich und gemeinsam in seiner ganzen Gestalt anzueignen, in ihm miteinander und aneinander zu wachsen, sich darüber auszutauschen, ihn auch ausdrücklich an andere weiterzuvermitteln – durch das Zeugnis des Glaubens und des Wortes.

Über den Glauben Auskunft zu geben heißt: das weiterzugeben, was wir selber empfangen haben und immer wieder neu von Gott her empfangen. In unserer Zeit ist die Gotteswirklichkeit so abgedunkelt, dass manche nur sehr schwer Gott wahrnehmen können. So haben wir als Christen an das Danken zu erinnern und den Dank an Gott zu vervielfältigen.

Auskunft im Glauben zu geben heißt: die Menschen mit Gott in Berührung zu bringen.

15. Gottsuche – Oder: Die Nicht-Selbstverständlichkeit des Glaubens

Wer ist der, den wir den einzigen lebendigen Gott nennen? Madeleine Delbrêl hat dies in einem säkularen, kommunistischen Umfeld formuliert. Sie war übrigens der

Überzeugung, dass kaum etwas dem Glauben und dem Christwerden dienlicher ist als eine atheistische Umwelt:

„Aber wir verkünden keine gute Nachricht mehr, weil das Evangelium keine Neuigkeit mehr für uns ist. Wir sind daran gewöhnt. Der lebendige Gott ist kein ungeheures, umwerfendes Glück mehr, er ist bloß noch ein gesolltes, die Grundierung unseres Daseins ... Wir (wir Christen, wir Kirchenleute) verteidigen Gott wie unser Eigentum, wir verkünden ihn nicht mehr wie das Leben allen Lebens. Wir sind keine Erklärer der ewigen Neuigkeit Gottes, sondern nur noch Polemiker, die einen kirchlichen Besitzstand verteidigen."

Das Evangelium neu entdecken: Habe ich Gründe, ein Christ, eine Christin sein zu wollen und – was ich noch viel spannender finde – habe ich Gründe, ein Christ, eine Christin *bleiben* zu wollen und welches sind diese Gründe? Warum konvertiere ich nicht zum Buddhismus oder zum Judentum oder zum Islam oder in irgendeine Gestalt des neoreligiösen, religionsfreundlichen Atheismus, wie er postmodern auf dem Markt der Sinnangebote in unterschiedlichen Mischungen zugänglich ist? Warum denn Christ/in sein, warum sich denn gerade darin orientieren?

Meine Antwort: Weil das Evangelium ein Schatz ist, für den es auf der ganzen weiten Erde absolut keine bessere Alternative gibt! Daraus resultiert das Selbstbewusstsein der Christen und Christinnen! Das äußert sich nicht durch elitäre inflationäre Aufgeblasenheit, sondern in einer Praxis der Solidarität, der Toleranz, der konfliktfähigen Nächstenliebe, ja Feindesliebe, in der verrückten

Geduld, an das Gute in jedem Menschen zu glauben. Gerade die gegenwärtige Krisenstunde ist so gesehen als Wachstumsgeschichte zu begreifen, in der wir bewusster, entschiedener und dann ausstrahlungsfähiger das bezeugen, was nur die haben dürfen, die sich Christ/innen nennen – nämlich den wahnsinnigen, den unglaublichen Glauben, dass das wahr sein könnte mit Jesus von Nazaret und dass dieses Bekenntnis der Auferweckung des Gekreuzigten tatsächlich der Schlüssel zur Wirklichkeit ist. Und dass deshalb auch eine Sterbestunde und gerade diese Sterbestunden der Kirche, die durch uns hindurchgehen, in Wahrheit die Kehrseite von Geburtsszenarien sind, in denen ein erwachsenes, weltbejahendes, gottverliebtes, weltveränderndes Christentum entsteht.

> „Die Schönheit der Welt ist Christi zärtliches Lächeln für uns durch den Stoff hindurch. Er ist wirklich gegenwärtig in der Schönheit des Alls. Die Liebe zu dieser Schönheit entspringt dem in unserer Seele niedergestiegenen Gott und geht auf den im Weltall gegenwärtigen Gott. Auch sie ist etwas wie ein Sakrament." (Simone Weil)

Papst Franziskus spricht von einer Kirche, die dem Geheimnis Gottes Raum gibt; eine Kirche, die dieses Geheimnis in sich selbst beherbergt, so dass es die Leute entzücken und anziehen kann. Allein die Schönheit Gottes kann eine Anziehungskraft ausüben. „Wenn wir, wie Augustinus sagt, nur das lieben, was schön ist, dann ist der Mensch gewordene Sohn, die Offenbarung der unendlichen Schönheit, in höchstem Maß liebenswert und zieht uns mit Banden der Liebe an sich. Dann wird es notwendig, dass die Bildung in der *via pulchritudinis* sich in die Weitergabe des Glaubens einfügt."[37]

Das Ergebnis der pastoralen Arbeit stützt sich nicht auf den Reichtum der Mittel, sondern auf die Kreativität der Liebe. Sicher sind Zähigkeit, Mühe, Arbeit, Planung, Organisation nützlich, allem voran aber muss man wissen, dass die Kraft der Kirche nicht in ihr selbst liegt, sondern sich im Geheimnis Gottes verbirgt. Bei unseren Aufbrüchen soll das Gepäck nicht zu schwer sein. Ist der Rucksack voll mit Bürokratie, mit Rechthaberei, mit Sicherheitsdenken oder mit materiellen Ansprüchen, würde sich bald Müdigkeit und Erschöpfung einschleichen. Papst Franziskus spricht von einer „Grammatik der Einfachheit", ohne die sich die Kirche der Bedingungen beraubt, die es ermöglichen, Gott in den tiefen Wassern seines Mysteriums zu „fischen".

Es braucht in einer sich ins Subjektive und Beliebige weiter verlierenden Moderne eine Spiritualität, die dem einzelnen Christen Stehvermögen verleiht und ihm hilft, sich anderen Positionen gegenüber als dialogfähig zu erweisen. Die alte Selbstverständlichkeit gewinnt wieder neue Evidenz: Nur die Beter werden als Christen bestehen. Eine Kirche, die im Gottesgeheimnis fest verwurzelt ist, bleibt auch heute für die Menschen interessant.

16. Haus der Sprache
Oder: Sprache prägt Wirklichkeit

Im Brief über den Humanismus schreibt Martin Heidegger an zentraler Stelle: „Die Sprache ist das Haus des Seins. In ihrer Behausung wohnt der Mensch" (S. 53). Gegen Schluss des Briefes wird dieselbe Formulierung noch einmal mit Bedacht wiederholt: „Darum ist die Sprache zumal das Haus des Seins und die Behausung des Menschenwesens" (S. 115).[38] Sprache ist untrennbar mit der menschlichen Existenz verbunden und dennoch keine Konstante, sondern stets in Entwicklung. Wir müssen Sprache lernen und sie prägt unseren Zugang zur Welt. Der Mensch wohnt sozusagen in diesem Haus der Sprache. Er ist Teilnehmer an der Sprache und benötigt sie, um mit der Welt in Kontakt zu treten. Die Bedeutung der Sprache als Tor zur Welt lässt ihre gesellschaftliche Relevanz steigen. Einiges deutet darauf hin, dass die Klagen über den Sprachverlust auch dadurch bedingt sind, dass heute sprachlichen Fähigkeiten ein höherer Stellenwert eingeräumt wird als noch vor wenigen Jahrzehnten. „Die Grenzen meiner Sprache bedeuten die Grenzen meiner Welt."[39]

Die Verkündigung der christlichen Botschaft muss sich heute dem weit verbreiteten Phänomen einer religiösen Indifferenz stellen. Es ist, als ob hierzulande viele Zeitgenossen einen religiösen „Sprachverlust" erlitten haben. Sie sind nicht mehr in der Lage, menschliche Grunderfahrungen in religiösen Worten oder Zeichen auszudrücken. Christlich-kirchliche Vokabeln sind für sie wie „Chinesisch".[40] Wir leben in einer durch und durch von Wortinflation geprägten Gesellschaft. Von Worten, Wörtern und Gerede sind die Medien voll, unnützes Geschwafel und oberflächlicher Austausch markieren nicht selten das menschliche Zusammensein, marktschreierische Angebote und lautstarke Argumente bestimmen das Leben. Wie soll inmitten dieser Logorrhoe[41] Gottes Wort überhaupt den Menschen erreichen und von ihm angenommen werden können?

Wo liegen die Gründe für die religiöse Sprachlosigkeit vieler Zeitgenossen? Da ist zum einen die atheistische Prägung der vergangenen Großideologien zu nennen, die Religion als falsches Denken, als Opium für das Volk oder auch als Ressentiment der Zu-Kurz-Gekommenen diskreditierten. Da wäre zum anderen auch manches an den schrecklichen Erfahrungen des 20. Jahrhunderts zu nennen, die Gräuel der Kriege und die ungeheuren Verbrechen, die den Glauben an einen guten und menschenfreundlichen Gott bis in die Wurzel erschütterten – und bis heute für viele fragwürdig machen. Ein weiterer grundlegender Einwand gegenüber einer sich religiös verstehenden Existenz durchzieht das Denken und Empfinden der Moderne: Es ist der Verdacht, mit einem religiösen Glauben verliere der Mensch seine Autonomie, seine Fähigkeit zur Selbstbestimmung. Religion, und eben auch christliche Religion – so lautet der Vorwurf – sei ein Zustand der Fremdbestimmtheit, in der dem Menschen das Recht auf schöpferische Selbstverwirklichung und moralische Autonomie genommen würde. Das ist der geheime Stachel, der sogar viele nachdenkliche Menschen vom Glauben an Gott und an das Evangelium abhält. – Darauf mag es manches zu antworten geben, etwa von der Anthropologie her, die weiß, dass wir grundsätzlich dialogische und nicht monologische Wesen sind; und von der Theologie her, die aufzeigen kann, dass Gottes Freiheit nicht als Konkurrenz, sondern als Ermöglichungsgrund der Freiheit des Menschen zu verstehen ist. Der Psalmist sagt: „In deinem Licht schauen wir das Licht!" (Ps 36,10) Wer liest, denkt normalerweise nicht ans Auge.

Wir brauchen eine Vertiefung und „Verheutigung" unserer Gottesverkündigung. Das ist zunächst eine intellektuelle Herausforderung, in der sich angesichts heutiger Welt- und Lebenserfahrungen der Menschen Theologie und Bildungsarbeit unserer Kirche bewähren müssen, aber auch eine Herausforderung für die öffentliche Verkündigung, für die Katechese und den Religionsunterricht. Es gilt, angesichts gegenwärtiger Infragestellungen des Glaubens verantwortet „Gott denken" zu können, sonst droht die Gefahr, dass wir uns ins Sektenhafte verabschieden.

Vermehrt werden in Zukunft „Wege erwachsenen Glaubens" notwendig, die Einzelne und kleine Gruppen in eine mündige, auskunftswillige und auskunftsfähige Form des Christseins einweisen, bis hin zu einer Einübung dieses Christseins im modernen Lebensalltag mit all seinen Fragen und Paradoxien. Die Pfarrgemeinden werden dabei ein wichtiger „Glaubensort" bleiben, aber für zunehmend viele Menschen eben nicht der einzige. Wo sind solche Lebensorte des Menschen heute, die für ihn zu persönlichen und gemeinschaftlichen Glaubensorten werden könnten?

Die Glaubwürdigkeit des Christentums ist aber gegenwärtig nicht so sehr eine Frage rationaler Argumente. Pater Alfred Delp SJ, Mitglied des Kreisauer Kreises, wurde am 28. Juli 1944 verhaftet und am 2. Februar 1945 in Berlin-Plötzensee gehängt. Über die Kirche und ihren Zustand, ihre Müdigkeit und ihre Entfremdung von den Menschen schreibt er:

„Auch der andere Weg der fordernden Kirche im Namen des fordernden Gottes ist kein Weg mehr zu diesem Geschlecht und zu den kommenden Zeiten. Zwischen den klaren Schlüssen unserer Fundamentaltheologie und den vernehmenden Herzen der Menschen liegt der große Berg des Überdrusses, den das Erlebnis unserer selbst aufgetürmt hat. Wir haben durch unsere Existenz den Menschen das Vertrauen zu uns genommen. ... Und gerade in den letzten Zeiten hat ein müde gewordener Mensch in der Kirche auch nur den müde gewordenen Menschen gefunden. Der dann noch die Unehrlichkeit beging, seine Müdigkeit hinter frommen Worten und Gebärden zu tarnen."[42]

Trifft zu, was Friedrich Wilhelm Graf 2010 für die religiöse Sprache und für den Kirchenjargon diagnostiziert hat?

„Ein wild vagabundierender Psychojargon, der Kult von Betroffenheit und Authentizität hat wohl nirgends sonst so großen Schaden angerichtet wie in den Kirchen. Hier sind argumentativer Streit, intellektuelle Redlichkeit und theologischer Ernst weithin durch Gefühlsgeschwätz, antibürgerliche Distanzlosigkeit und moralisierenden Dauerappell abgelöst worden. Wem nichts mehr einfällt, dem bleibt das Moralisieren, und darin sind die Kircheneliten besonders stark. Man denkt über schwierige, unübersichtliche Verhältnisse nicht nach, sondern setzt „ein Zeichen", in der Attitüde prophetischer Besserwisserei. ... Besonders beliebt sind trinitarische Hohlformeln, etwa die Bekundung von ‚Zorn, Wut und Trauer', oder eine appellative Sollensprache, die dem Zuhörer gleich die Gesamthaftung fürs große Elend in der Dritten Welt aufbürdet. Der Kanzelprophet ist meist aber ‚nur ein aufgeregter Kleinbürger in biblischer Verkleidung' (Johann Hinrich Claussen), der die bittere Armut jenseits der Meere dafür instrumentalisiert, die eigene theologische Gedankenlosigkeit zu kaschieren. Die moralistische Reduktion religiöser Komplexität, das Abblenden elementarer Lebenswidersprüche zugunsten moralisch eindeutiger Scheidung der Guten von den Bösen erlaubt es nicht, mit eigenen Ambivalenzen und Fehlern konstruktiv umzugehen. Sie verhindert realistische Selbstwahrnehmung und leistet nur dem ruinösen Verschleiß der Glaubensprache für alle möglichen banalen Tageszwecke Vorschub."[43]

Es zeigen sich zwei Extreme: Das eine ist der fundamentalistische Zugriff nach der endgültigen Eindeutigkeit des Textes. Dieser Zugriff übergeht die Dunkelheit und Rätselhaftigkeit, die in 1 Kor 13,12 angesprochen wird. „Jetzt schauen wir in einen Spiegel und sehen nur rätselhafte Umrisse." Das andere Extrem besteht darin, dass sich das gegenwärtige Wort in einen unendlichen Prozess der Vermittlung auflöst. Es gibt dann kein Jetzt des Verstehens, des Angesprochen- und Ergriffenwerden mehr. Das Wort der Liturgie und die Sprachstile müssen Widerstand leisten gegen den Sog der ungeheuerlich inflationären Sprachproduktion. Liturgie ist nicht einfach ein Geräusch, ein Palaver. Der Augenblick, in dem z.B. Jes 11 oder Lk 4,16–21 gelesen wird, ist selbst schon die heilige Zeit des Wortes, das Ereignis von Gegenwart.

Defizitär wäre eine Kirchensprache, in der die Tendenz des Formalen, des Disziplinären und des Institutionellen den Vorrang hat. Derzeit ist Langeweile und Schlaffheit zu spüren, müdes Rinnen im Sprachfluss. „Die Wahrheit des Christentums gleicht dem Manna, das sich nicht aufspeichern lässt: Es ist heute frisch, morgen faul. Eine Wahrheit, die nur noch tradiert wird, ohne von Grund auf neu gedacht zu werden, hat ihre Lebenskraft eingebüßt. Das Gefäß verstaubt, verrostet, zerbröckelt." (Hans Urs von Balthasar)

Die Sprache des Evangeliums erfährt eine vielfache Neutralisierung: durch eine große Gleichgültigkeit (es reicht, wenn es da ist); durch eine bloß doktrinäre und institutionelle Sicherung des Glaubensbestandes (in den Medien erscheint diese Sprache der Kirche). Aber das Wort Gottes ist „kraftvoll und schärfer als jedes zweischneidige Schwert" (Hebr 3,12). Die Sprache darf diese Dramatik nicht auflösen. In den letzten Jahrzehnten wurden Themen wie Konflikt und Spannung durch eine Therapeutisierung ausgeschieden. Die Verkündigung der ewig gleichbleibenden Liebe zur Welt führte zu einer harmonistischen Langeweile und Irrealität. – Der Gott, der mit Feuer antwortet, das ist der wahre Gott (1 Kor 18,24).

Das Wort, mit dessen Vollmacht die Kirche in ihrem Zeugnis zu sprechen hat, ist unüberholbar das Du-Wort Gottes. „Wohin sollen wir gehen? Du hast Worte des ewigen Lebens" (Joh 6,68). Es ist ein Ereignis der Sprache im Brennpunkt des Personalen: Ruf und Namengebung, Anrede, Zuruf, heimliches Reden des Geistes im Herzen des Menschen, die gegenseitige Einwohnung im Wort.

Personales Wort, d.h. es gibt keinen Ausweg in die Neutralität einer Es-, Sach- oder Seinssprache. Zeugnisse dafür geben die Heiligen als authentische Interpreten des Wortes Gottes.

> Ein Dröhnen: es ist
> die Wahrheit selbst
> unter die Menschen
> getreten,
> mitten ins
> Metapherngestöber[44]

Anmerkungen

[1] Michel de Certeau: La fable mystique I, XVIe-XVIIe siècle, Paris 1982, 42f. Vgl. dazu auch Chistian Duquoc, Théologie en exil. Le défi de sa survie dans la culture contemporaine, Paris 2002.

[2] Schriften des Urchristentum Bd. 2, hg. von Klaus Wengst, Darmstadt 1984, 319-321.

[3] Karl Rahner, Theologische Deutung der Position des Christen in der heutigen Welt (1954), in: Sendung und Gnade. Beiträge zur Pastoraltheologie, Innsbruck–Wien 1988, 13-47.

[4] Ebd.

[5] Ebd.

[6] Benedikt XVI. Caritas in Veritate Nr. 51.

[7] Papst Franziskus, Eröffnungsrede beim interreligiösen Kolloquium zum Thema „Die Komplementarität von Mann und Frau" von 17. bis 19. November 2014 im Vatikan.

[8] Johannes Paul II., Enzyklika Centesimus annus zum hundertsten Jahrestag von Rerum Novarum, Rom 1991.

[9] Johannes XXIII., Pacem in terris, Freiburg/ Basel/ Wien 1963.

[10] Leo XIII., Enzyklika Rerum Novarum über die Arbeiterfrage, Text in: Bundesverband der KAB (Hrsg.), Texte zur katholischen Soziallehre – Die sozialen Rundschreiben der Päpste und andere kirchliche Dokumente, Bornheim 1992.

[11] Papst Benedikt XVI., Enzyklika Caritas in Veritate. Über die ganzheitliche Entwicklung des Menschen in der Liebe und in der Wahrheit, Rom 2009.

[12] Päpstlicher Rat für Gerechtigkeit und Frieden, Kompendium der Soziallehre der Kirche, Vatikan/Freiburg i. B. 2006.

[13] Johannes Paul II., Sollicitudo rei socialis. Zwanzig Jahre nach der Enzyklika Populorum Progressio, Rom 1987; vgl. Franz Bormann, Soziale Gerechtigkeit zwischen Fairness und Partizipation. John Rawls und die Katholische Soziallehre. Fribourg/CH 2006, bes. 182-201.

[14] Paul VI. Apostolisches Schreiben „Evangelii nuntiandi" (8. Dezember 1975) Art. 19f. (DH 4575f.).

[15] „Wir aber nehmen alles Denken gefangen, sodass es Christus gehorcht." (2 Kor 10,5)

[16] Václav Havel, Moral in Zeiten der Globalisierung, Reinbek bei Hamburg 1998.

[17] Jürgen Habermas, Ein Bewusstsein von dem, was fehlt. Über Glauben und Wissen und den Defaitismus der modernen Vernunft, in: NZZ 10. Februar 2007.

[18] Daniele Hervieu-Leger, Pilger und Konvertiten. Religion in Bewegung (Religion in der Gesellschaft 17), Würzburg 2004, 58. Vgl. Christian Hennecke, Kirche, die über den Jordan geht. Expeditionen ins Land der Verheißung, Münster [3]2008, 56.

[19] Rainer Maria Rilke, Von der Pilgerschaft Bd. I/1, 95, Werke in sechs Bänden, Frankfurt 1980.

[20] Vgl. dazu: Herders Theologischer Kommentar zum Zweiten Vatikanischen Konzil, hg. von Peter Hünermann und Bernd Jochen Hilberath, Bd. 1-5, Freiburg – Basel – Wien 2004-2006.

[21] Paul VI., Ansprache in der Öffentlichen Sitzung des Zweiten Vatikanischen Ökumenischen Konzils (7. Dezember 1965), in: Die Dokumente des Zweiten Vatikanischen Konzils: Theologische Zusammenschau und Perspektiven, in: Herders Theologischer Kommentar zum Zweiten Vatikanischen Konzil, hg. von Peter Hünermann und Bernd Jochen Hilberath, Freiburg i. B. 2006, Bd. 5, 565-571, hier 568f.

[22] Maurice Blondel, Die Aktion. Versuch einer Kritik des Lebens und einer Wissenschaft der Praktik, Freiburg/ München 1965, 405f.

[23] Dorothee Sölle, Das Fenster der Verwundbarkeit. Theologisch – politische Texte, Stuttgart 1987, 7-9.

[24] Johann Baptist Metz, Mit der Autorität der Leidenden. Compassion – Vorschlag zu einem Weltprogramm des Christseins, in: Feuilleton-Beilage der Süddeutschen Zeitung, Weihnachten 1997.

[25] Hilde Domin, Aber die Hoffnung. Autobiographisches aus und über Deutschland, München 1982, 204f.

[26] Diese Summarien sind in den Ordensregel aufgegriffen, z.B. Regeln des heiligen Basilius, in: Hans Urs von Balthasar, Die großen Ordensregel, Einsiedeln 1974, 81 (Gr. R Nr. 7); 87 (Kl. R 85); Augustinus, Regel Kap. 1–2, in: Die großen Ordensregeln 161f.; Regula Benedicti. Die Benediktusregel. Lateinisch/Deutsch, hg. im Auftrag der Salzburger Äbtekonferenz, Beuron [4]2005, 33,6; 34,1; 55,20.

[27] Johannes Paul II., Apostolisches Schreiben „Novo millennio ineunte", Rom 2001, Nr. 43.

[28] „Ein junger Mann wollte Obst, und er verschmähte deshalb Äpfel, Birnen, Pflaumen, Kirschen, Quitten. Er wollte nicht Äpfel, sondern Obst, und nicht Pflaumen, sondern Obst, und nicht Kirschen, sondern Obst, und nicht Quitten, sondern Obst. Er wählte den einzigen Weg, der mit Sicherheit erfolgreich war, gerade das nicht zu bekommen, was er wollte: nämlich Obst; denn Obst ist - jedenfalls für uns Menschen – nur in Gestalt von Äpfel oder Birnen oder Pflaumen oder Kirschen oder Quitten zu haben." (Georg W. Friedrich Hegel, Enzyklopädie der philosophischen Wissenschaften § 13)

[29] Johann B. Metz, Identitätsbildung aus Nachfolge, in: Rolf Zerfaß (Hg.), Mit der Gemeinde predigen, Gütersloh 1982, 13-21, hier 13.

[30] Johann B. Metz, Zeit der Orden? Zur Mystik und Politik der Nachfolge, Freiburg i. B. 1977, 10.38.

[31] Vgl. dazu: Hermann J. Pottmeyer, Zeichen und Kriterien der Glaubwürdigkeit des Christentums, in: HFTh 4, 373-414, bes. 400-406.

[32] Nikolaus von Kues, De visione Dei/Die Gottesschau, in: Philosophisch-Theologische Schriften, hg. und eingef. von Leo Gabriel. Übersetzt von Dietlind und Wilhelm Dupré, Wien 1967, Bd. III, 105-111.

[33] Manuscrito entregado por el Cardenal Bergoglio al Cardenal Ortega. Palabra Nueva; http://blog.radiovatikan.de/die-kirche-die-sich-um-sich-selber-dreht-theologischer-narzissmus/ (abgerufen am 28. März 2013)

[34] Franziskus, Papst, Apostolisches Schreiben *Evangelii gaudium* des Heiligen Vaters Papst Franziskus an die Bischöfe, an die Priester und Diakone, an die Personen geweihten Lebens und an die christgläubigen Laien über die Verkündigung des Evangeliums in der Welt von heute : 24. November 2013; 1936 – Deutsche Bischofskonferenz 2013, 47

[35] Joachim Wanke, Vortrag anlässlich der Einweihung der Katholischen Arbeitsstelle für Missionarische Pastoral der Deutschen Bischofskonferenz in Erfurt; http://www.dbk.de/presse/details/?-suchbegriff=ankn%C3%BCpfungsm%C3%B6glichkeiten&p-resseid=1039&cHash=71b6a6654ff13fa728f25054240c95f3; Zugriff: 15.05.2010. Ebenso: Die österreichischen Bischöfe, Verkündigung und neue Evangelisierung der Welt von heute, Wien 2012, Kapitel 9, S. 32–27.

[36] Die deutschen Bischöfe, Zeit zur Aussaat. Missionarisch Kirche sein, 26. November 2000.

[37] Papst Franziskus, Evangelii gaudium Nr. 167.

[38] Der Text des Humanismusbriefs findet sich in Band 9 (Wegmarken) der Heidegger-Gesamtausgabe. Andere Ausgaben: Martin Heidegger, Über den Humanismus. Klostermann, Frankfurt am Main 2000.

[39] Ludwig Wittgenstein, Tractatus logico-philosophicus. Logisch-philosophische Abhandlung 5.6

[40] Vgl. Joachim Wanke, In der Verkündigung des Glaubens neue Wege gehen. Rede zur Eröffnung der neuen „Katholischen Arbeitsstelle für Missionarische Pastoral" zitiert nach: KATHPRESS-Infodienst Nr.402, 21. Jänner 2010 Seite 8.

[41] Vgl. Paul M Zulehner, Wie Musik zur Trauer ist eine Rede zur falschen Zeit : wider den kirchlichen Wort-Durchfall, Ostfildern bei Stuttgart: Schwabenverl. 1998

[42] Alfred Delp, Das Schicksal der Kirchen (1944/45), in: Ges. Schriften IV, 318-323, hier 318f.

[43] Friedrich Wilhelm Graf, Was wird aus den Kirchen? in: Frankfurter Allgemeine Zeitung, 1. April 2010, 35-36.

[44] Paul Celan, Ein Dröhnen (1967), in: Werke II, 89.

Bischof Egon Kapellari

Predigt

Bibelstellen: 1 Joh 4,11-18 | Mk 6,45-52

Die diesjährige Österreichische Pastoraltagung (2015) ist die 75. Veranstaltung dieser Art. Sie ist also ein bewährtes Forum zur Förderung des Miteinander in der Kirche und hat Auswirkungen für das Miteinander in der Zivilgesellschaft. Das Generalthema für dieses Jahr lautet „Christlich leben in der Welt von heute" und wird in zahlreichen Ausfaltungen behandelt. Österreichische Kirchenzeitungen haben in ihren aktuellsten Ausgaben einem vorausgehenden Bericht über diese Tagung den Titel gegeben: „Österreichs Kirche sucht die künftigen Seelsorge-Strukturen."

Das Suchen ist einer von den Grundvollzügen jeden menschlichen Lebens. Es betrifft in seiner Ausrichtung auf Zukunft hin jeden einzelnen Menschen sowie die Gemeinschaften, denen er angehört. Es betrifft ebenso die Kirche wie die säkulare Gesellschaft im Ganzen – und dies besonders heute in einer Zeit großer und rascher Veränderungen durch Abbrüche und Umbrüche, aber auch durch Aufbrüche. Diese Gesellschaft und viele ihrer Teilbereiche sind regional, national und mondial drängender als zu manchen anderen Zeiten herausgefordert durch die großen Fragen „Was bleibt?" und „Was kommt?". Utopien sind verbraucht, Pragmatismus ist angesagt. Weithin fehlen schlüssige Rezepte für den weiteren Weg – oder sie sind kontrovers.

Inmitten dieser mondialen und zumal europäischen Suchbewegung ist die Christenheit unterwegs und – von ihr
umgriffen – unsere katholische Weltkirche. Dabei geht
es pragmatisch zwar immer wieder auch um Strukturen, die nicht spiritualistisch einfach ignoriert oder über-
sprungen werden können. Es geht aber in all dem gerade heute um Fundamentaleres: um ein vertieftes Suchen
nach Gott und seinem Sohn Jesus Christus und um ein
vertieftes Suchen und Sorgen um den Menschen, um die
Menschheit überhaupt.

Unzählige Male redet die Bibel vom Suchen. Vom Suchen
des Menschen nach Gott, aber auch vom Suchen Gottes
und seines Sohnes Jesus Christus nach den Menschen;
zumal nach dem Menschen, der sich verlaufen und verloren hat wie das Schaf, dem der gute Hirte nachgeht.

„Wahrlich, du bist ein verborgener Gott, du Gott Israels",
lesen wir im Isaias-Buch der Heiligen Schrift (Jes 45,15).
„Wer mich gesehen hat, hat den Vater gesehen", sagt
Jesus im Johannes-Evangelium (Joh 14,9). Jesus ist einerseits die unüberbietbare Offenbarung des verborge-
nen Vaters und bleibt doch zugleich der unauslotbare
Geheimnisvolle, der die Jünger in einer ekstatischen Situation, als sie eben dem Tod entkommen sind, ebenso dankbar wie erschrocken fragen lässt: „Wer ist denn
dieser, dass ihm Wind und Wetter gehorchen?" (Mt 8,27)

Der heutige Evangelientext (Mk 6,45-52) berichtet von
einer ähnlichen Situation der Jünger: Sie sind in einem
Boot auf dem See Genezareth unterwegs und mühen
sich wegen starken Gegenwinds beim Rudern ab. In der
Kirchengeschichte wiederholt sich diese Situation immer

wieder. Und auch das Wendende, das Rettende ereignet sich immer wieder, oft freilich erst nach quälend langem Warten, nach begründeter Furcht vor dem Untergang. Und es gibt in der Kirchengeschichte den scheinbar definitiven Untergang, dem erst viel später ein neuer Aufgang folgt, entsprechend der Fruchtbarkeit des Weizenkorns, das vorher wie sterbend in die Erde versenkt worden ist.

Die Kirchenkonstitution des 2. Vatikanischen Konzils, die entsprechend ihren lateinischen Anfangsworten den Titel „Lumen Gentium" trägt und mir als Generalschlüssel zu allen anderen Konzilstexten erscheint, sagt in der ihr eigenen hohen, schönen Sprache: Die Kirche ist „zugleich heilig und stets der Reinigung bedürftig, sie geht immerfort den Weg der Buße und Erneuerung. Sie schreitet zwischen den Verfolgungen der Welt und den Tröstungen Gottes auf ihrem Pilgerweg dahin und verkündet das Kreuz und den Tod Christi bis er wiederkommt" (LG 8).

Mit anderen Worten und besonders in Bezug auf Österreich kann man sagen, was ich im vorigen Jahr (2014) bei der Vollversammlung der Österreichischen Bischöfe in Admont gesagt habe:

„Unsere Kirche steht in der Spannung zwischen Breite und Tiefe, zwischen Heiligkeit und Sünde, zwischen Stärke und Schwäche; sie bewegt sich, aber sie kann nicht galoppieren. Sie hat jedenfalls Millionen von Lebenskeimen in sich. Trotz aller Umbrüche ist sie zahlenmäßig die größte Gemeinschaft in Österreich. So genannte volkskirchliche Elemente sollte sie nicht vernachlässigen, sondern bewahren, aber zugleich öffnen helfen für den Weg in die Zukunft. Diese Zukunft wird in vielem anders sein als die Gegenwart. Insofern geht es der Kirche ähnlich wie der Zivilgesellschaft. Das Loslassen von vertrauten Ordnungen ist oft mit Schmerzen verbunden und führt auch zu Konflikten, mit denen wir allseits auf dem Niveau des Evangeliums umgehen müssen."

Weiter habe ich bei dieser Gelegenheit gesagt: „Unsere Kirche kann im Ganzen nur sehr breit sein, wenn sie zugleich eine starke dynamische Mitte hat und dort mit tiefen Wurzeln im Quellgrund des Glaubens verankert ist. Die Mitte der Kirche ist Christus selbst. Am nächsten bei ihm sind gewiss jene Christen, die dem großen Wort aus dem 1. Johannesbrief ‚Gott ist Liebe' am meisten entsprechen. Es sind Christen mit viel Empathie. Zur Mitte der Kirche gehören auch Christen, die sich emotional und denkerisch mit den Zeichen der Zeit in Religion, Philosophie, Politik, Kunst, Wissenschaft und Wirtschaft, aber auch mit dem neuen Atheismus und mit der massiven religiösen Gleichgültigkeit auf ernstzunehmende Weise auseinandersetzen, wenn diese Christen zugleich tief im Gebet, in der Heiligen Schrift und in den Sakramenten verankert sind. Zur Mitte der Kirche gehören schließlich unverzichtbar die so genannten ‚Stillen im Lande', die auf Gott allein ganz bekannte Weise durch einen starken und liebenden Glauben die Kirche tragen und beleben.

Unsere Kirche stellt sich als ein Gefüge von konzentrischen Kreisen dar. Sie reichen von der beschriebenen Mitte bis zu einem davon oft weit entfernten Rand. An diesem Rand stehen jene Getauften, die sozusagen nur den Mantelsaum Christi berühren. Aber sie alle gehören zu uns und wir gehören zu ihnen. Papst Franziskus mahnt uns intensiv dazu, immer wieder an den Rand zu gehen, freilich ohne uns von der Mitte abzulösen. Dies ergibt eine Spannung, in der auch wir Bischöfe stehen müssen und stehen wollen. Viel Inspiration und Kraft gehen dabei von Papst Franziskus aus. Aber auch das Erbe von Papst Benedikt XVI. ist ein weiterwirkender Sauerteig. Er verkörpert besonders den Typos eines biblischen Weisheitslehrers, während Papst Franziskus mehr dem biblischen Typos des Propheten entspricht. Beide berühren und ergänzen einander, beide sind im selben Quellgrund des Glaubens verankert."

Soviel aus meiner Predigt in Admont.

Liebe Christen, Brüder und Schwestern! Unser Leben ist ein Weg und unser christlicher Glaube verbindet uns zu einer Weggemeinschaft. Wir erleben unterwegs Ähnliches wie die Jünger im Boot auf dem See von Galiläa: die Mühsal des Ruderns bei Gegenwind oder einen Seesturm oder manchmal lähmende Windstille. Aber immer wieder wird erfahrbar, was Hölderlin am Beginn seiner großen Patmos-Hymne gesagt hat: „Wo aber Gefahr ist, wächst das Rettende auch", weil Christus im Boot der Kirche ist oder in dieses Boot rettend eintritt.

Ein zeitlich weit zurückliegender Deutscher Katholikentag stand unter dem Leitwort „Unsere Sorge der Mensch, unsere Hoffnung der Herr". Dieses Leitwort ist ein Dauerauftrag an die Christenheit, an jeden von uns und an unsere kleinen und großen Gemeinschaften. Der Mensch, dem die hier genannte Sorge in Gestalt von Solidarität und Empathie gilt, ist nicht nur der Christenmensch, sondern der Mensch als Mitmensch überhaupt. In Millionen von Einzel- und Gruppenbiografien ist er heute ein gefährdeter, ein leidender, ein verfolgter, gedemütigter und ein besseres Leben suchender Glaubensgenosse und darüber hinaus jedenfalls ein Zeitgenosse; ein Mitmensch, den wir uns meist nicht aussuchen können, in dem uns aber Gott selbst auf erfreuliche oder auch auf unbequeme Weise begegnet.

In den vergangenen Jahren und Jahrzehnten war das Miteinander in der katholischen Kirche Österreichs aus bekannten Gründen immer wieder beeinträchtigt. Die damit verbundenen Leiden waren teilweise zerstörerisch, aber in manchem auch läuternd. Ich hoffe, dass dieser Schmerz im Ganzen nicht vergeblich gewesen ist und dass wir in der Zukunft angesichts von viel Nebeneinander, Gegeneinander und Durcheinander in der Zivilgesellschaft das Miteinander in der Kirche und damit verbunden auch in der Zivilgesellschaft stärken können. Auch diese Pastoraltagung kann dazu beitragen. Bitten wir darum besonders auch in diesem Gottesdienst.

Autor/innen und Herausgeber

Andreas R. Batlogg SJ

Dr. theol., Herausgeber und Chefredakteur der „Stimmen der Zeit", Leiter des Karl-Rahner-Archivs in München.

Friederike Dostal

Dr. iur., Mag. theol., Leiterin des Referates für Erwachsenenkatechumenat der Erzdiözese Wien, Pastoralassistentin.

Egon Kapellari

Dr. iur., Dr. theol. h.c., emeritierter Bischof der Diözese Graz-Seckau.

Walter Krieger

Dr. theol., Generalsekretär des Österreichischen Pastoralinstituts in Wien.

Gerhard Lohfink

Dr. theol., Theologe in der Katholischen Integrierten Gemeinde in Baierbrunn bei München.

Manfred Scheuer

Dr. theol., Bischof der Diözese Innsbruck.

Alois Schwarz

Dr. theol., Bischof der Diözese Gurk-Klagenfurt.

Balthasar Sieberer

gf. Vorsitzender des Österreichischen Pastoralinstituts und der Pastoralkommission Österreichs und Seelsorgeamtsleiter der Erzdiözese Salzburg.

Aurelia Spendel OP

Dr. theol., Priorin des Klosters St. Ursula Augsburg, Dozentin für spirituelle Theologie, tätig in der Begleitung von Ordenskapiteln und in der Erwachsenenbildung.

Maria Widl

Dr. theol., Mag. rer.nat., Professorin für Pastoraltheologie, Homiletik und Religionspädagogik an der Universität Erfurt.

LESENS-WERT – GLAUBENS-WERT

Impulse für PGR, Gruppen, Pfarrblatt, Schaukasten, Religionsunterricht...
(Eucharistie: A4, gebunden, 97 Seiten; die anderen Behelfe: A4-Mappen mit
15 bzw. 16 losen Doppelblättern)

Eucharistie – verstehen, feiern, leben

Dieser Behelf hilft, die Hl. Messe neu und vom Alltag her zu verstehen. Es geht um das Geheimnis Gottes in Jesus Christus, der in diesem Sakrament gegenwärtig ist und die Menschen mit Gott und miteinander verbindet. Durch die Mitfeier der Eucharistie – Quelle und Höhepunkt des christlichen Lebens – findet man Begegnung, Bestärkung, Trost. In 13 Themen werden Zugänge zu einem neuen Verstehen der Eucharistie eröffnet. Diese werden ergänzt durch grundlegende Beiträge. EUR 10,–

Umkehr – Busse – Versöhnung

sind Grunddimensionen des Christ-Seins und spielen – oft unter anderen Begriffen – eine wichtige Rolle im Leben der Einzelnen und der Gesellschaft. Diese Mappe lädt ein, dies neu zu entdecken. Das Thema hat zentrale Bedeutung im kirchlichen Leben, z. B. in besonderen Zeiten des Kirchenjahres, in der Sakramentenpastoral usw. Wesentlich ist, dass Umkehr, Buße und Versöhnung als Einladung und als Herausforderung einer Frohen Botschaft erfahren werden. EUR 2,–

Berufung leben – Perspektiven entschiedener Nachfolge

Was ist meine Berufung? Was gibt meinem Leben Sinn? Es geht um das Entdecken der ganz persönlichen Berufung. Jede Berufung ist in ihrem ganz spezifischen Wert zu sehen, auch im Dienst an der Gemeinschaft der Berufenen – dem Volk Gottes. Man spricht vom „allgemeinen Priestertum" aller Gläubigen und von einer speziellen „geistlichen Berufung". Berufung ist ein „Dauerauftrag" für die Kirche. Zentral geht es um eine lebendige, persönliche Beziehung zu Jesus Christus. EUR 2,–

Zum Christ-Sein berufen – aus der Taufe leben

Durch die Taufe werden Menschen in den christlichen Glauben hineingenommen. Eine Erinnerung an die Taufe führt erwachsene Christen zu einer Neuentdeckung des Glaubens und einer vertieften Erkenntnis der persönlichen Berufung zum Christsein. EUR 2,–

Dem Glauben auf der Spur

Dieses „Glaubens-Heftchen" richtet sich an ganz allgemein am Glauben Interessierte, knüpft an Erfahrungen und Fragen der Menschen an und führt sie zur Begegnung mit der Botschaft des christlichen Glaubens.
EUR 1,50 / ab 50 Stück 1,–
Für den Schriftenstand, Eltern von Tauf- und Erstkommunionkindern, Firmkandidat/innen, als kleines Geschenk bei Hausbesuchen... (80 Seiten, A5/6)

BÜCHER ZU ÖSTERREICHISCHEN PASTORALTAGUNGEN

Hg. im Österreichischen Pastoralinstitut
von Walter Krieger – Balthasar Sieberer
Wagner Verlag, Linz 2008–2014

Gottes.Kinder.Welten

mit Beiträgen von
D. Bühler-Niederberger, I.Kromer, H. Wechner, E. Schaffelhofer-
Garcia Marquez, A.A. Bucher, L. Kuld, R. Oberthür, A. Biesinger,
A. Lehner-Hartmann, O. Kromer   EUR 12,–

Migration und Integration:
Pastorale Herausforderungen und Chancen

mit Beiträgen von
W. Krieger, E.-F. Bulayumi, L. Goleva, M. Ch. Adjassoho, P. K. Kodom,
B. Wachter, M. Landau, S. Kurz, F. Scharl, L. Vencser, N. Dura, M. Bünker,
A. Marchetto, M. Scheidler, R. Polak / M. Jäggle, H.-J. Sander, A. Schwarz
                                                                 EUR 15,–

Jugend geht ab

mit Beiträgen von
M. Lechner, M. Zentner, H. Hobelsberger, H. Wustmans, W. Krieger,
A. Schwarz, L. Mellet   EUR 11,–

Für Gottes Lohn?! – Ehrenamt und Kirche

mit Beiträgen von
R. Popp, M. Appel, A. Halbmayr, R. Bucher, P. M. Zulehner,
A. Hennersperger, A. Kothgasser   EUR 11,–

Beziehung leben zwischen Ideal und Wirklichkeit

mit Beiträgen von
M. Beham-Rabanser, E. Lehner, A. Vansteenwegen, S. Savel-Damm,
Th. Knieps-Port le Roi, J. Ulz, F. Harant, S. Heine, W. Schmolly, K. Küng
                                                                 EUR 5,–

Ämter und Dienste
Entdeckungen, Spannungen, Veränderungen

mit Beiträgen von
W. Krieger, O. Fuchs, R. Siebenrock, Th. Söding, C. Sedmak, W. Rees,
M. Nickel, J. Panhofer   EUR 5,–

Missionarisch Kirche sein

mit Beiträgen von
H. Müller, A. Bünker, R. Polak, F. Weber, D. Rey, O. Neubauer, W. Müller,
Ch. Schönborn   EUR 5,–